Bjarne Melkevik

INTRODUCTION

À LA PHILOSOPHIE DU DROIT

Buenos Books International
www.buenosbooks.fr

Dépôt légal, Paris, décembre 2016
ISBN : 978-2-36670-062-6
Editeur : Buenos Books International, Paris
www.buenosbooks.fr

AVANT-PROPOS: S'ENGAGER, RÉFLÉCHIR ET AGIR

Notre imagination peut nous faire emprunter d'innombrables chemins, mais ceux que nous fait emprunter la philosophie du droit ne sont dédiés qu'aux esprits ouverts, critiques et réfléchis. Ce livre s'inscrit comme une initiation à l'étude de la philosophie du droit, en tant que domaine de réflexion et des interrogations juridiques. Les principaux thèmes abordés porteront sur un droit qui se veut moderne et démocratique. Cependant, nous le verrons, c'est un droit pour lequel il faut s'engager et militer pour, *in fine*, assurer son développement et contrecarrer toute régression anti-juridique.

Il ne s'agit pas ici de défendre un «être» ou un «devoir-être» (deux ontologies) du droit, et encore moins d'envisager une conception idéaliste et métaphysique du droit. L'objectif qui est ici recherché est non seulement d'arriver à raisonner (iusphilosophiquement parlant) sur une question juridique, mais également de réfléchir à la «meilleure» façon de concevoir le droit et de le réaliser comme tel, d'une façon raisonnable, saine et démocratique.

Loin de nous l'idée de défendre ou de soutenir philosophiquement une «représentation du droit» soit-elle unidimensionnelle ou pluridimensionnelle, factuelle ou «normative». *Ex adverso*, nous préférons nous mettre à la portée des individus intéressés, pour lesquels nous œuvrons à mettre en place une compréhension plus claire du droit. Cela nécessite un perpétuel «contrôle de la réalité» qui s'impose impérativement et de plus en plus dans la philosophie du droit, face à une prolifération contemporaine d'idéologies (et de plus en plus d'idéologies réactionnaires, fumistes et contre-productives), prête à prendre d'assaut le domaine juridique pour imposer leurs philosophies de pacotilles.

Il convient, et cela se confirmera par la suite, de s'approcher de la philosophie du droit avec réalisme et respect pour les acteurs du droit. Mais surtout, il convient de le faire avec une réelle connaissance professionnelle, relative au fonctionnement du système judiciaire «en vigueur». Il sera nécessaire de comprendre «en pratique», comment s'articulent les différents outils, sources, disponibles pour faire le droit, qu'il s'agisse de la législation ou de la jurisprudence, ou encore de la doctrine du droit, les coutumes, le système de traités internationaux, etc.

Si le droit est un «pouvoir de faire», il s'agit plus exactement d'un rendez-vous donné pour «fabriquer du droit», qui peut être très différent d'une société à l'autre. Aussi, le constat est sans appel: il existe un abîme entre d'une part les sociétés qui auront fait le choix de s'engager en faveur de la liberté et, d'autre part, les sociétés qui croupissent sous les formes diversifiées de l'hétéronomie, ou pires. Si aujourd'hui ce sont globalement les sociétés d'hétéronomie qui dominent sur terre, cela se fait toujours et inévitablement au détriment d'un droit sain, conçu pour la liberté et l'égalité entre et pour les individus. Certains ont tendance à oublier, volontairement ou par aveuglement, que la liberté ne se négocie jamais à la pièce et que sans liberté politique, sans autre limite que «la liberté pour tous», il n'y a pas vraiment de liberté comme on l'entend au sens universel.

Lorsque l'on parle de ceux qui «font le droit», nous mettons le curseur au niveau de la pratique du droit, à savoir les professionnels du droit, comme les avocats.

En effet, le droit passe toujours par les avocats, puisqu'ils représentent une condition *sine qua non* dans l'affirmation que «nous sommes en plein dans le domaine du droit» et non pas dans de quelconques jeux pontifes, sociaux, économiques, administratifs, politiques, policiers, ou autres.

L'outil utilisé par les avocats passe par les procès et toutes les procédures judiciaires, où ils peuvent se confronter sur des questions «juridiques». Ce sera ensuite au juge et jury de trancher.

La philosophie du droit se résume alors à «accompagner» le droit en pratique et à «cheminer avec lui» dans la pensée, dans la réflexion et bien sûr dans la critique. Elle n'ajoute en conséquence rien en soi, rien de sui generis, à la pratique des acteurs du droit et elle n'est en rien leur maître ou leur censeure. La philosophie du droit les accompagne un peu comme une amie. Lorsqu'un ami accompagne un ami, c'est à la fois pour le plaisir, le voyage, le temps partagé, mais également pour le bénéfice mutuel apporté par les dialogues qu'ils sont critiques, philosophiques et/ou démocratiques. La philosophie du droit suit la même logique puisqu'en accompagnant la question de droit, elle apporte le bénéfice d'un droit sain.

Pour cela, il est impératif de respecter scrupuleusement et sans défaut la pratique juridique (et judiciaire) et de la prendre au sérieux. Tels des marins sur un même navire, il faut se répéter de ne céder sous aucun prétexte aux envoûtants chants des sirènes et de s'égarer, ainsi, dans des théories anti-juridiques qui, bien qu'étant sur le haut du pavé aujourd'hui, ne possèdent aucun contenu «juridique». Ce dernier n'est là que pour séduire, dans un but malsain.

Lorsqu'on garde le cap sur un droit sain, il se profilera à l'horizon une philosophie du droit, joignant la pratique du droit. Ceci n'a pas d'égal puisqu'un «droit malade» ne servira que l'oppression, la suprématie, la violence, l'inégalité et l'injustice.

Comprendre la philosophie en tant qu'«accompagnement» nous permet de combattre une hydre aux mille têtes, à savoir le penchant d'utiliser la philosophie du droit pour introduire un *«a priori»*, explicatif ou justificatif, un fondement ou une fondation, une Raison ou une Logique, une sociologie du droit ou une anthropologie du droit, une Éthique ou les Droits de l'Homme, et ainsi de suite. Avec de tels raccourcis, on oscille entre l'encadrement positiviste et l'ordonnancement iusnaturaliste. Le penchant irrationnel en faveur d'un *«a priori»* qui doit supposément être là au fond de toute chose, sous le mode de l'être ou de devoir être, *Sein und Sollen*, semble irrésistible pour la majorité des théoriciens du droit aujourd'hui. Le résultat sera, hélas, platonicien avec, bien sûr, des platonismes pouvant se décliner dans une pluralité d'écoles luttant joyeusement l'une avec l'autre.

Acceptons, au contraire, que la pratique du droit n'ait aucun fondement philosophique, aucune raison «en soi», aucune éthique au fond de soi (ou dans les choses), qu'elle ne possède aucune moralité justificatrice, et cela même si cela peut provoquer un inconfort intellectuel en étant, à l'occasion, choquant, révoltant, pour l'esprit. Mais le constat est là: même si nombreux sont les écrits en philosophie du droit qui imposent avec beaucoup de mots savants (et philosophiques) un (ou des) *a priori* supposé(s) qui nous permet de «voir le droit en toute clarté au milieu de la nuit» - ou encore, le voir briller dans «la clarté blafarde du sombre», cela peut étonner, cela peut même avoir l'effet d'impressionner, mais uniquement l'esprit non critique.

Dans ce monde intellectuel, la philosophie du droit sert souvent à introduire, contre raison, un *a priori* concernant le droit, qui avec élégance et coquetterie, est là afin de mieux séduire. De plus, ce stratagème souhaite remporter la compétition universitaire de celui qui peut imaginer l'a priori le plus en phase avec le mainstream. La philosophie du droit serait même prête à s'enkyster dans l'idéologie de la «ligue du politiquement et moralement correct». Pourtant, il suffit sans condition (et avec raison) de dire non et d'affirmer haut et fort que cela ne fonctionne pas. Ces charlatans veulent abuser de l'enthousiasme que procure la renommée de la philosophie du droit pour, *in fine*, produire leur propre «théorie / philosophie privée» du droit.

Produire un *a priori* pour le droit est très facile! Chaque école de théorie du droit en refusant de comprendre qu'un mot comme «droit» n'a pas de sens en soi (autre donc que de servir comme point de départ linguistique vers des pratiques professionnelles bien variées qui fonctionnent avec une pluralité d'autres mots et dans des contextes s'écrivant invariablement en plusieurs «pluriels»), n'a simplement pas pu résister à la tentation de croire qu'il ne s'agit finalement que de «contempler, observer, examiner» le tout à partir d'un présupposé. C'est la révolution idéologique de notre temps et la racine du mal théorique qui pervertit la relation possible et saine entre la théorie et la pratique dans le domaine du droit. Chacun peut aujourd'hui prendre (et s'approprier) les grands noms et les grandes théories de la philosophie du droit et ainsi croire et avancer avec des bottes de sept lieues «en droit» (ou dans *l'a priori* qui le remplace). Mais en réalité, cela se résume à faire du sur place et surtout, pas dans la bonne direction.

La question de «science» et de «scientificité» en droit illustre de façon exemplaire ce que nous venons d'affirmer.

Car cela est une aberration de l'esprit, un illogisme pur et simple, d'utiliser la philosophie du droit pour introduire, à sa guise, une conception *a priori* du droit et de le faire en se servant illogiquement de la philosophie du droit. Et pourtant, c'est devenu légion aujourd'hui. Qui ne le fait pas? Cela permet, en apparence, à chacun de fonder sa petite «science» ou la «scientificité» à sa façon, comme un entrepreneur qui fonde son entreprise en fraudant, trichant sur la qualité de la marchandise. Or, et il faut le dire haut et fort, la philosophie du droit ne pourra jamais servir à fonder une «science» ou une «scientificité», tant cette opération est impossible et illogique. Celui qui s'engage à le faire ou qui dit savoir comment le faire triche intellectuellement et lamentablement. Il fraude intellectuellement pour se faire un nom et il triche en comptant sur l'incrédulité et sur notre si profonde inclination à nous soumettre «au nom» et à la «grande théorie».

En fait, une théorie (en absence d'une réelle possibilité de falsification) c'est une «entreprise privée» ou encore un «langage privé» (dans le sens wittgensteinien) qui explique et justifie uniquement ce qu'un auteur affirme concernant une question de droit. De Hans Kelsen et les «normativistes», en passant par les «réalistes scandinaves» (qui n'était pas vraiment réaliste après tout) à Axel Hägerström, Anders Vilhelm Lundstedt et (plus périphérique) Alf Ross, et en ajoutant les «sociologistes» et les (irrationalistes) «pluralistes», l'image qui est forgée, inventée, imposée, c'est un *a priori* théorique à la disposition unique à celui qui l'accepte et se soumet. Or, croire que la philosophie du droit peut rationnellement servir pour faire passer en contrebande une «science» (ou ce qui doit être accepté comme l'étant) n'a pas beaucoup de sens. Que tant de théoriciens accèdent et croient à une théorie comme étant une «science», nous révèle avec clarté toute la tâche à accomplir et la nécessité d'accompagner ce qui se fait dans le domaine juridique, que ce soit une théorie ou une prétention à la science.

Les cinq essais qui constituent notre ouvrage ont été repris et repensés, quoique très modestement. Issus et présentés à des audiences bien différentes, ils portent sans doute la trace que tout bon plaideur sait qu'il faut inévitablement adapter son discours à l'audience du public ainsi qu'à leur attente, pour établir une communication de qualité.

Si chacun des essais porte en conséquence une empreinte de leurs genèses, ils témoignent à leur façon notre volonté d'entrer en dialogues avec des audiences souvent mal renseignées sur la philosophie du droit et souvent aussi, imprégnées par des partis-pris contreproductifs et, hélas, intellectuellement restreints.

Ils sont pourtant là comme un rappel d'un parcours qui relève aussi à la philosophie du droit.

Dans ce processus, il s'agit de comprendre la pratique d'un droit sain dans une société saine, moderne et démocratique. Nous le savons, colliger cinq essais dans un même texte est une tentative risquée qui se prêtera peut-être à des critiques acerbes. Le seul changement majeur que nous nous sommes permis, c'est en fin de compte de supprimer toutes les notes en bas de page.

Mais, nous l'assumons, car au-delà du fait que les textes ont été écrits à différentes occasions et adressés à des auditoires différents, ceux-ci témoignent, ensemble et à leur façon, d'une compréhension ferme, philosophique et intellectuelle de la manière de «faire du droit» dans nos sociétés modernes et démocratiques.

Soulignons finalement que si notre livre cherche à initier à la philosophie du droit c'est également pour inciter tout lecteur intéressé à aller plus loin et surtout, à l'encourager à faire plus d'étude, plus de lecture et plus de réflexions dans ce domaine.

À nous de recommander, sans fausse modestie, la lecture du présent livre en tant qu'un préalable, un tremplin, qui ne peut que trouver son accomplissement dans la lecture de nos autres livres de philosophie du droit. À savoir: *Philosophie du droit 1 et 2* (2010 et 2012) et dans *Habermas, Légalité et Légitimité* (2012), de même que nos livres chez Éditions Buenos Books International, à savoir *Épistémologie juridique et déjà droit* (2014), *Droit et Agir Communicationnel: Penser avec Habermas* (2012) et *Marxisme et philosophie du droit: Le cas Pasukanis* (2010). Dans notre esprit, ces écrits forment un ensemble de réflexions qui ont vocation à éclairer, défendre et engager, sans illusion, notre modernité juridique et démocratique.

Chapitre 1: Pourquoi étudier la philosophie du droit? Quelques réflexions sur l'enseignement de la philosophie du droit.

Si nous nous mettons dans la peau d'un(e) étudiant(e) en droit qui consulte la liste des cours optionnels offerts, nous pouvons nous demander: «Pourquoi choisir un cours de philosophie du droit?» En fait, si l'étudiant n'est pas contraint physiquement à éliminer un choix, il peut rationnellement se poser les questions suivantes: «Qu'est-ce que la philosophie du droit apporte au droit? Et à moi-même? Existe-t-il des raisons pour s'y intéresser? Pourquoi étudier la philosophie du droit?»

Les réponses que nous voulons apporter à ces questions reflètent à la fois notre propre expérience de l'enseignement de la philosophie du droit aux étudiants et notre propre compréhension pratique du droit. Les deux sont liées comme les deux versants d'une montagne. L'idée que le chercheur se fait de la philosophie du droit et le rôle qu'il lui attribue doit nécessairement se refléter dans l'enseignement. Il en découle que la description de notre enseignement de la philosophie du droit est indissociable des concepts de la philosophie du droit que nous devons enseigner.

La méfiance à l'égard de la philosophie du droit

Avant de pouvoir répondre concrètement aux questions que nous nous sommes posées, il nous semble pertinent de regarder de plus près la résistance ou encore la méfiance qui se manifeste dans le milieu juridique à l'égard de la philosophie du droit. Cette résistance/méfiance est transmise, «comme par enchantement», par les professionnels du droit aux étudiants en droit. Si elle semble aujourd'hui s'estomper lentement, comme l'illustre d'ailleurs le regain de la philosophie du droit dans le milieu juridique, il n'empêche que l'obstacle dressé par des décennies d'incompréhension et de malentendus subsiste encore dans les milieux juridiques.

Nous pouvons distinguer deux raisons à un tel rejet. L'une considère la philosophie du droit comme «Raison-Ordonnatrice» nuisible et la rejette, l'autre la décrit comme carrément inutile pour les exigences du droit contemporain en raison des ressources «scientifiques» qui semblent plus pertinentes aujourd'hui.

Quant au rejet par un certain milieu juridique de la philosophie du droit dans le rôle présupposé d'une «Raison-Ordonnatrice» nuisible, il nous semble que personne d'autre que le philosophe du droit, Michel Villey, n'a pu mieux le croquer au vif. Comme il l'affirme sur un ton de confidence, ou de confession:

> «Je suis persuadé pour ma part qu'à nous, juristes, les philosophes modernes ont fait beaucoup de mal. Je le dirai aussi bien de Hobbes, Locke, Hume, et même de Leibniz, Kant, Fichte, Hegel et la quasi-totalité des philosophes du XIVe siècle et XXe siècle. Quand il leur arrive de parler «droit», c'est dans une totale ignorance du métier spécifique du droit. Que savent-ils? Des mathématiques, une sociologie plus ou moins marquée par l'évolutionnisme, de la logique, parfois de la morale. Ainsi ont-ils transplanté dans notre discipline des systèmes scientifiques fondés sur des expériences extrinsèques. Leur influence a perturbé notre propre représentation du phénomène juridique, y injectant les positivismes légalistes ou sociologiques».

Certes observons-nous que Michel Villey se limite à vilipender la philosophie dite «moderne», de même qu'à élaborer une stratégie argumentative reliant la philosophie moderne du droit à l'émergence «quasi causale» du positivisme juridique. Il n'empêche que l'accusation d'ignorance contre lesdits philosophes va droit au but, car si les philosophes modernes du droit étaient généralement bien renseignés sur les affaires publiques de leur temps et sur le droit qui s'y rapporte, et s'ils avaient lu les classiques du «droit naturel» rationaliste, aucun d'eux n'avait effectivement une connaissance spécifique du métier du droit. De là en découle l'efficacité de la charge qui est ici dirigée contre eux. En lisant Michel Villey, une conclusion s'impose: ce n'est pas la peine d'étudier la philosophie du droit, dite moderne. Egalement, personne, selon lui, ne peut s'instruire en écoutant des bêtises et personne ne peut prétendre à une connaissance quelconque en se laissant séduire par des ignorants ou par l'ignorance.

Pour d'autres, la philosophie du droit dans le milieu juridique est simplement inutile, inefficace ou encore improductive. Personne ne se déclare pourtant ouvertement contre une réflexion philosophique du droit, ce qui nécessiterait l'adhésion à une telle philosophie. L'argument est plutôt que la philosophie du droit n'apporte rien de plus qui ne soit déjà accessible par les sciences du droit. Ce qui n'est pas accessible par lesdites sciences ne peut être que pure spéculation sans lendemain ou croyances métaphysiques propres à son instigateur. Bien que personne n'y soit hostile, il faut néanmoins, selon eux, se rendre à l'évidence: les sciences du droit doivent, avec légitimité, occuper la place laissée vacante par le retrait (forcé) de la philosophie du droit. Ce qui veut aussi dire, toujours selon eux, que la philosophie du droit doit être considérée comme un passe-temps, ou comme une activité quasi spirituelle que chaque personne peut cultiver à sa guise, au rythme des lectures et des conversations privées entre confrères. C'est une activité que l'on réserve au jour de repos, ou encore à la retraite. Bref, personne n'a quoi que ce soit à reprocher à la philosophie du droit, c'est simplement une activité qui doit être reléguée à l'âge d'or, tandis que le développement des sciences du droit doit être spécifique à notre époque.

Il n'est pas dans notre intention d'évaluer ces deux formes de résistance/méfiance envers la philosophie du droit, nous constatons simplement les faits. Nous ne pouvons pas, cependant, nous empêcher de penser que ces résistances sont l'héritage tumultueux d'une époque où la philosophie du droit, se croyant une science mère, a pu négliger le dialogue avec les juristes, forts pourtant d'une expérience pratique certaine et le développement des confrontations entre les différents discours scientifiques de droit. Cela n'est plus possible aujourd'hui, à moins de réduire la philosophie du droit au rôle de commentaire des œuvres de jadis ou d'un exercice sémantique et «systémique» tournant en rond.

Quoi qu'il en soit, si nous synthétisons ces deux formes de rejet / méfiance à l'égard de la philosophie du droit, il nous semble qu'elles résument, chacune à leur façon, la situation où se trouve l'enseignement de la philosophie du droit. Bien sûr, il existe des «mordus», des passionnés. Avec eux, la philosophie du droit doit, surtout au sein des Facultés de droit, surmonter la méfiance professionnelle des juristes contre des discours qu'ils jugent creux et vains et prouver qu'elle peut apporter quelque chose d'utile et d'original au droit.

La philosophie du droit comme accompagnement

Nous développerons, par la suite, un point de vue qui situe la philosophie du droit dans le rôle de l'Accompagnateur (ou l'Accompagnement) du projet juridique moderne en ce qui concerne les arguments et les raisons. L'enseignement de la philosophie du droit doit, par conséquent, consister à faire comprendre ce rôle et ses implications pratiques.

Le fait de concevoir l'enseignement de la philosophie du droit avant tout dans un rôle d'accompagnement, à l'égard du projet juridique, implique la renonciation à toute pensée ordonnatrice, du côté philosophique comme du côté juridique. Si nous pouvons en fait dire que la philosophie du droit, souvent adoptée par les philosophes de profession ou de vocation, peut être caractérisée par l'élaboration d'une «Raison-Ordonnatrice» et des formes d'«Idéo-Droit» correspondantes, la philosophie du droit créée par les juristes peut être considérée comme fondée sur l'idée d'une «Expérience-Ordonnatrice», donc des formes de «Vrai-Droit» répondantes. Ce dernier courant ne veut plus, d'ailleurs, être caractérisé comme philosophie du droit. On l'appelle désormais «philosophie juridique». Or, quoique nous puissions apprécier la tension entre ces deux courants, qui peut d'ailleurs être source d'une compétition fructueuse, il n'empêche pourtant, que toute philosophie du droit qui souhaite aujourd'hui se constituer dans le rôle unique de l'«Ordonnatrice» se prive d'un dialogue réfléchi avec le droit positif (valide) et avec la dimension démocratique, laquelle doit, selon nous, caractériser le projet juridique moderne.

Nous devons accepter que la philosophie du droit ne puisse plus prétendre éclairer le droit, qui est d'ailleurs déjà suffisamment éclairé par ses propres forces. Nous devons aussi accepter qu'elle ne possède aucune «sagesse» ou «connaissance» susceptible de contribuer «en substance» à quoi que ce soit du projet juridique. Donc, si la philosophie du droit abdique son rôle d'«Ordonnatrice», il ne lui reste plus que la possibilité d'accompagnement du projet juridique et, plus précisément, d'accompagnement des réflexions, des arguments et des raisons qui étayent le projet juridique.

Il nous semble que l'enseignement de la philosophie du droit ne peut que faire sienne l'idée suivante: la philosophie du droit ne possède ni réponse ni recette, mais participe, sans se l'accaparer et sans rien lui concéder, à la réflexion que nous avons le devoir de faire au sujet de la complexité juridique contemporaine. Si nous avons raison, la philosophie du droit n'est qu'une activité argumentative, dont la publicité est le corollaire.

En fait, le rôle que nous pouvons aujourd'hui accorder à la philosophie du droit, celui qui sous-tend l'enseignement, c'est celui qui accompagne le développement d'arguments et de raisons, dans le projet juridique. La philosophie du droit doit, en ce sens, nous aider à ouvrir et universaliser nos convictions, nos valeurs et nos conceptions préétablies. Elle doit nous accompagner dans le processus de développement de bons arguments et de raisons de «poids». Précisons que la philosophie du droit doit servir à reconnaître et à identifier les différents paramètres culturels ou philosophiques, qui balisent ce domaine. En fait, la philosophie du droit doit nous permettre de nous familiariser avec les différentes conceptions de la relation entre droit et «morale», entre société et individu, ou encore entre d'autres thèmes du même genre. De cette façon, la philosophie du droit ne travaille pas sur les qualités formelles du droit, les laissant ainsi volontairement aux sciences du droit, mais elle accompagne les réflexions qui alimentent les perspectives du projet juridique moderne.

C'est par l'argumentation et la rationalité que la réflexion philosophique du droit s'ouvrira sur la réalité. Toutefois, cela ne peut sûrement pas se faire de manière directe, car la philosophie du droit ne possède, hélas, aucun accès direct à la réalité, mais cela doit se faire en dialoguant avec les sciences et particulièrement avec les sciences du droit. C'est leur rôle de donner à la philosophie du droit des informations factuelles pouvant servir à alimenter la réflexion à propos du projet juridique moderne. Le kantisme juridique, représenté surtout par Hans Kelsen, a fait tort à la réflexion philosophique sur le projet juridique moderne. Il a voulu, peut-être contre l'intention même d'Emmanuel Kant, cantonner le projet juridique moderne à l'intérieur d'une pureté se refusant aux dialogues avec les convictions politiques, sociales, morales et religieuses des individus.

Or, dès que nous délaissons tout rôle d'Ordonnatrice à la philosophie du droit, le dialogue avec les sciences n'est pas la «déchéance», mais plutôt la nature même des choses.

Dans le même ordre d'idées, il s'ensuit que la philosophie du droit doit servir à se distancier du positivisme juridique. Nous pouvons même dire qu'il est primordial, pour l'enseignement, de montrer que la philosophie du droit ne sert pas le droit dit «positif», mais le projet juridique moderne. Le réductionnisme nécessaire qui caractérise en effet le positivisme juridique, fait oublier que les questions de droit concernent, en pratique, la question des droits que nous devons mutuellement et intersubjectivement nous donner à nous-mêmes se fait en pratique et sur l'ordre argumentatif. Le droit est ouvert, en ce sens, que la question de droit s'écrit sous le forme d'un «faire» qui doit confirmer que nous sommes les auteurs et les destinataires d'un ordre juridique à notre mesure et que nous pouvons en autonomie honorer intersubjectivement.

Nous pouvons, ainsi, observer que les Cours suprêmes du Canada, des États-Unis et d'ailleurs, se réfèrent de plus en plus aux positions de la philosophie du droit, ou aux écrits des philosophes du droit, et que ces positions ne sont pas que le point de départ d'une réflexion de philosophie du droit. Nous exacerberons l'esprit critique des étudiants si nous pouvons leur démontrer comment les réflexions philosophiques du droit influencent les cours mentionnés plus haut et comment ces réflexions interfèrent sur le résultat judiciaire. Les juges, en prenant position sur l'avortement, sur le suicide assisté par un tiers, sur les droits inhérents des peuples autochtones ou sur d'autres sujets, ne nous offrent pas pour autant une quelconque «représentation ultime», mais bien un positionnement à soumettre à notre réflexion, à notre critique et à nos dialogues.

Si la philosophie du droit doit prendre le pouls de la réalité juridique d'aujourd'hui, et particulièrement en matière de jurisprudence, elle ne doit pas être comprise comme la «fondation» des positions de philosophie du droit. Les juges ne devraient pas être considérés comme nos philosophes du droit, comme les traitent implicitement et aveuglément beaucoup de philosophes de droit contemporain (Ronald Dworkin). C'est des interlocuteurs dignes d'intérêt et qui font un travail important et nécessaire, mais il convient toujours de se rappeler que «l'autorité ne fait pas en soi de bons arguments» et surtout qu'il ne faut en aucun cas baisser pavillon avant la bataille.

La philosophie du droit et le discours public

Si nous devons enseigner et concevoir la philosophie du droit uniquement comme accompagnatrice des arguments et des raisons éclairés et réfléchis à l'égard du projet juridique, il s'ensuit aussi qu'elle abdique de son rôle d'«Arbitre», au bénéfice des débats publics. En fait, la philosophie du droit doit abandonner toute référence à la «philosophie de conscience» (E. Kant; J.C. Fichte, G.W.F. Hegel, etc.), car le jugement qu'une personne pose seule sur le projet juridique importe peu. Vue sous un aspect argumentatif, la philosophie du droit doit être considérée comme l'un des participants aux discours entourant le projet juridique moderne. Elle doit, ainsi, être considérée comme mettant concrètement ses arguments et ses raisons à l'épreuve de l'espace public. C'est dans l'espace public que le «poids» ou la «valeur» à attribuer à chaque argument et à chaque raison doit être débattu et réglé, au vu et au su de tous.

C'est en considérant cet espace public que nous pouvons également réfléchir sur la question de rationalité et sur les différences de rationalités juridiques du projet juridique. Notre propre position peut se résumer dans l'idée de la primauté d'une rationalité «communicationnelle». En envisageant, en fait, la production d'arguments et de raisons comme l'enjeu majeur du projet juridique, la philosophie du droit accompagne pratiquement ce projet en démontrant que la rationalité pratique à laquelle se réfère le droit s'incarne dans les discours publics. Le discours, comme pratique interindividuelle cosociétaire (et des sujets de droit), produit des arguments et des raisons, et les propose à l'auditoire, à des fins d'évaluation et de validation.

Le fait d'insister sur l'espace public dans l'enseignement marque notre volonté d'habituer les étudiants à considérer qu'en droit, c'est à l'espace public que nous nous adressons. Ils doivent comprendre que cet espace public joue un rôle primordial dans le développement et l'entretien de la formation de la volonté et de l'opinion en ce qui concerne le projet juridique moderne. Dans la mesure où le droit se fait à la première personne du pluriel, «nous», l'enseignement même de la philosophie du droit doit pouvoir se concrétiser dans des débats et des discours critiques concernant l'espace public et la formation rationnelle de la volonté et de la raison.

Pour une compréhension démocratique du droit

Il convient aujourd'hui de conjuguer le droit avec la démocratie. Pour saisir une telle compréhension pratique et démocratique du droit, il faut tout d'abord, souligner que cette conception diffère de la conception de «moralité libérale» du droit, qu'on enseigne abondamment dans les facultés de droit d'Amérique du Nord.

La conception de «moralité libérale» est avant tout une philosophie du droit qui se confond dans la croyance et dans l'existence prépolitique d'un faisceau de principes et de *règles a priori*, sinon également dans la croyance que le droit doit être pensé sur le présupposé de certains «droits moraux», pouvant à la fois assurer la liberté négative et censurer l'activité collective.

L'enseignement de la philosophie du droit en Amérique du Nord a souvent été versé dans l'initiation d'une telle croyance. Celle-ci s'est incarnée en profession de foi dans les «institutions» libérales. Il va sans dire que nous considérons un philosophe du droit comme Ronald Dworkin, et particulièrement son livre *Freedom's Law,* comme le représentant type d'une telle conception.

Le résultat c'est que l'enseignement de la philosophie du droit est devenu une incitation à avoir foi dans «nos» Institutions. Il forme les personnes à croire que la démocratie n'est que le moyen, l'instrument pour propager la «moralité libérale», et que la démocratie c'est un régime politique et rien de plus. Si le fait qu'il y ait eu plus de «moralité libérale» est positif, ce n'est pas vrai pour autant que l'homme soit sorti des rangs de l'infériorité (pour paraphraser le philosophe allemand Emmanuel Kant).

La compréhension démocratique du droit qui anime notre enseignement prend un autre chemin, il cherche, nous l'avons dit, à harmoniser la question de droit avec la démocratie moderne. Cela s'explique, avant tout, par le fait que nous ne considérons pas la démocratie en tant que régime politique ou encore régime de gouvernance, mais d'avantage comme une maîtrise du pouvoir par en bas, par les cosociétaires. À la limite la démocratie c'est le développement d'une «conscience démocratique moderne» dans l'opposition à toute hétérogénéité non légitime et l'irrigation de celle-ci dans la société (surtout politique) tout entière.

En fait, si la philosophie du droit représente, comme l'affirme E. Kant, la sortie de l'homme du règne de l'hétéronomie (les arguments de l'autorité) et au bénéfice de l'autonomie (les arguments du raisonnable tels qu'ils sont vus par l'individu), c'est cette autonomie qui doit à la fois s'élever contre l'embrigadement philosophique (et politique) et être assumée par les cosociétaires.

Si la modernité du droit peut, à notre point de vue, se résumer dans l'exigence que tous les sujets de droit doivent pouvoir s'envisager réciproquement comme les auteurs et les destinataires du «droit moderne», des textes législatifs et des institutions, il s'ensuit que l'enseignement de la philosophie du droit ne peut pas se cantonner dans un exercice d'hétéronomie, fût-elle de «moralité libérale». Elle doit faire sienne cette modernité. La philosophie du droit ne peut pas se substituer aux auteurs du droit. En revanche, elle doit les accompagner. La philosophie du droit doit elle-même refléter l'objectif démocratique du projet juridique moderne.

La philosophie du droit comme pratique démocratique

La philosophie du droit permet, défendons-le, de développer de bons arguments et des raisons éclairants en faveur du projet juridique moderne. Cela s'explique par le fait que l'enseignement de la philosophie du droit doit, par «vocation», se rapporter pour ainsi dire à une compréhension pratique du droit. Le droit c'est «ce qui se fait en droit», dans une procédure juste et équitable, et rien d'autre.

En situant, comme nous venons de le faire, l'enseignement de la philosophie du droit à l'intérieur des préoccupations contemporaines du projet juridique, nous espérons combiner le côté pratique du droit avec le côté prospectif de la philosophie. Nous souhaitons, en quelque sorte, réconcilier le projet juridique avec l'idée d'une philosophie envisagée comme pratique démocratique.

Chapitre 2: Penser philosophiquement le droit

Nous avons écrit cette réflexion sur la relation entre la philosophie et le droit à la lumière des réflexions consignées dans l'étude qui suit - «Le concept du droit et la réflexion philosophique contemporaine» - et qui décrivait ce que font les philosophes du droit. Ce que nous voulons maintenant exposer ici, c'est ce qu'ils devront faire.

Que signifie penser philosophiquement le droit?

Notre réponse résume clairement notre propre conception de la philosophie du droit, des objectifs et des paramètres de celle-ci. Nous pouvons dire que l'essai mentionné plus haut et la conception présentée dans le présent article se complètent comme les deux versants d'une même montagne: l'un est descriptif, l'autre est prescriptif (dans le sens de conseiller ou de recommander).

Nous examinerons trois questions que nous jugeons fondamentales en matière de philosophie du droit. Pourquoi une réflexion philosophique sur le droit? Qu'est-ce que la philosophie du droit apporte au domaine juridique? Où se situe la philosophie du droit par rapport aux autres disciplines de réflexion sur le droit? Il va sans dire que nous devrons nous limiter aux grandes lignes de cette problématique.

Pourquoi une réflexion philosophique sur le droit?

Pourquoi ne chercherions-nous pas plutôt à ancrer le droit sur de solides principes scientifiques? Ou encore à développer une théorie générale du droit qui permettrait d'analyser l'usage que fait la communauté juridique de certains concepts, comment elle raisonne, rationalise les faits, etc.?

Nous formulerons notre réponse ainsi: la philosophie du droit nous permet tout simplement de réfléchir. Dans un monde en constant développement où les instances juridiques sont fréquemment appelées à intervenir dans les débats de société et à trancher les questions éthiques, la philosophie du droit n'a pas d'autre choix que de garantir, par la réflexion, des arguments de poids et des justifications éclairées en faveur du projet juridique.

En clair, la philosophie du droit ne donne pas de réponses ni de recettes, mais participe, sans l'accaparer, à la réflexion que nous devons effectuer au sujet de la complexité juridique.

Deux points doivent être clarifiés: d'abord nous ne pouvons plus concevoir la philosophie du droit comme un vecteur de sagesse ou de connaissances susceptible d'éclairer le droit; ensuite, la philosophie du droit n'est qu'une réflexion, dont la publicité est le corollaire.

L'impopularité (qui se dissipe lentement aujourd'hui) de la philosophie du droit dans le monde juridique vient d'un passé dogmatique où la philosophie du droit s'imposait au droit, et même se substituait à lui.

La philosophie du droit entre le XVe siècle et le XIXe siècle, époque communément appelée la Modernité juridique et marquée par les doctrines de Grotius, Leibniz, Wolff, Burlamaqui, Kant et Hegel, s'efforçait en fait de subsumer la notion de droit sous des modèles rationnels, axiomatiques et paradigmatiques, sans trop se soucier de la pratique juridique. Elle prétendait que le «vrai» droit était philosophique ou n'était pas. Elle tentait à répétition de calquer le droit sur un système de droit philosophique prônant le recours au «rationnel».

En fait, la notion de droit n'était réduite qu'à une partie des systèmes philosophiques de ces différents modèles de pensée. La question du droit était par conséquent soumise à des considérations philosophiques qui n'avaient, au sens strict, rien à voir avec l'objectif juridique.

Loin de vouloir rejeter en bloc l'héritage de la philosophie du droit moderne, nous sommes même fiers d'examiner nos propres réflexions à la lumière de la modernité juridique, jadis instaurée par les philosophes du droit moderne, cités auparavant. Il s'agit uniquement de comprendre que nous ne pouvons plus lire les philosophes du droit, qu'il s'agisse de Grotius, de Hegel, ou, plus près de nous, de Dworkin, sans tenir compte des arguments et des raisons invoquées, que nous pouvons juger pertinents ou non. Nous devons plutôt lire les œuvres de ces penseurs, non pas pour admirer la systémique philosophique développée et la place que le droit y occupe, fut-elle place royale ou antichambre de la morale, mais pour l'apprécier, à la lumière de la modernité juridique qui a évolué. En fait, si la philosophie moderne du droit représente, comme l'affirme Kant, la sortie de l'homme du règne de l'hétéronomie (les arguments de l'autorité) au bénéfice de l'autonomie (les arguments du raisonnable tels que vus par l'individu), c'est cette autonomie qui doit s'élever contre l'embrigadement que représentent les systèmes philosophiques.

L'autonomie ne peut-elle donc se concrétiser que par l'élaboration d'arguments et de raisons qui seront évalués sur la place publique, sans filet de sécurité? Il nous semble que oui.

Le fait de comprendre que la philosophie du droit, comme la philosophie en général ne peut plus donner de «réponses», qu'elle n'est en rien la «science mère» du droit, ou encore que les systèmes philosophiques n'apportent rien de tangible à cette discipline, nous amène ensuite à nous demander ce que doivent être la philosophie et la philosophie du droit aujourd'hui. Selon nous, une fois de plus, la philosophie du droit ne peut être qu'une activité argumentative, et ne peut, par conséquent, qu'accompagner le processus d'élaboration de bons arguments et de raisons.

Nous pouvons à présent renforcer davantage ces affirmations en décrivant le rôle de la philosophie quant à la «réflexivité» et à la publicité du droit, que nous considérons comme son corollaire obligé.

En fait, la philosophie doit nous aider à ouvrir nos convictions, nos valeurs, notre conception de la société, de la politique ou du droit, à un débat critique. Nous ne devons pas chercher de réponses toutes faites dans les œuvres portant sur la philosophie du droit, mais plutôt les outils nécessaires au processus de connaissance de nous-mêmes et de la société dans laquelle nous vivons. Aristote ou Platon, mais aussi Kant, Fichte et Hegel à une tout autre époque, ou encore Dworkin, Rawls et Habermas plus récemment, ne peuvent pas, selon nous, faire l'objet d'une recherche de la Vérité, mais sont des interlocuteurs avec qui nous confrontons nos idées au sujet du droit, de la société ou de l'éthique. Si Kant nous intéresse encore, ce n'est pas pour la beauté de son système ou pour sa conceptualisation rigoureuse, mais parce que sa théorie nous permet de mesurer, grâce au dialogue, nos propres arguments aux siens. Nous pouvons évidemment nous laisser convaincre, modifier et approfondir nos propres arguments, ou encore, comme nous le préconisons, utiliser ces arguments pour pouvoir aller plus loin encore que ne le pouvait Kant, forts de notre expérience historique et sociale. Certes, Kant n'est ici qu'un exemple, et nous aurions pu ajouter toute la pléiade des philosophes qui ont accompagné la pensée juridique, ou même des penseurs non occidentaux, issus d'autres contextes culturels, il demeure pourtant que c'est le processus argumentatif qui doit justifier le rôle de la philosophie en droit.

Précisons que la philosophie nous permet, de cette façon, de nous familiariser avec différentes façons de penser: elle nous permet de constater comment différentes personnes conçoivent la relation entre individu et société, entre droit et morale, entre polis et logos, etc., ou encore d'identifier pourquoi certaines personnes considèrent certains arguments plus convaincants que d'autres. La philosophie nous permet ainsi d'obtenir une clarification par l'argumentation des différentes positions rencontrées, mais plus importantes encore, elle doit nous permettre de devenir plus conscients de nos préjugés.

Comment se forment nos propres arguments? Quels sont les paramètres que nous utilisons? Notre jugement est-il conditionné par des préjugés ou encore biaisé par nos convictions exclusives?

La réflexion philosophique, d'un point de vue argumentatif, doit nous amener vers une plus grande réflexion sur nos propres arguments et soumettre ceux-ci à un examen critique et rationnel, en vue d'optimiser à la fois la rationalité et l'humanisme, qui doivent constituer l'horizon de notre argumentation. De cette façon, la philosophie nous conduit vers une plus grande compréhension de nous-mêmes, en nous poussant à nous forger une volonté et une opinion individuelles plus réfléchies. Cette connaissance de soi est d'ailleurs le corollaire, comme nous le verrons, de la formation d'une volonté et d'opinions collectives dans l'espace public.

De nos jours, il est difficile de considérer le processus de formation de la volonté et de l'opinion comme un acte purement individuel, comme l'enseignait encore la «philosophie de conscience» (Kant, Fichte et Hegel). Vue précisément d'un point de vue argumentatif, la philosophie du droit doit plutôt être considérée comme l'un des participants de la discussion publique, de la société vue comme un tissu de débats, d'échanges, de communications, d'énonciations, etc.

La philosophie du droit doit mettre ses arguments à l'épreuve dans cet espace public, sans bénéficier de privilèges. C'est d'ailleurs là que le «poids», ou la «valeur», qui doit être attribué à chaque argument doit être discuté et considéré par tous.

Au-delà de la formation individuelle de volonté et d'opinions, la philosophie doit, de concours avec les sciences, contribuer à l'élaboration d'une volonté et d'opinions communes. Dans la mesure où le Je a besoin d'un Nous, et dans la mesure où le Nous ne peut pas se concevoir sans le Je, cela doit se concrétiser dans des débats critiques. En fait, ce qu'une personne pense et veut pour elle-même doit être évalué de façon critique par tous. Ce sont nos considérations communes qui doivent guider nos choix. La philosophie du droit doit simplement accompagner (sans privilèges) ce processus.

Le concept de philosophie du droit qui se profile ici démontre que, dès le moment où nous délaissons l'image de la philosophie comme «science mère», située au-dessus des autres «sciences», son rôle moderne ne peut être qu'argumentatif. La philosophie participe simplement à la formation d'arguments et de raisons, en vue de les évaluer dans l'espace public.

Qu'est-ce que la philosophie du droit apporte au droit?

Imaginons un étudiant fictif en sciences juridiques, qui consulte la liste des choix de cours. Il y trouve le plus souvent un cours de philosophie du droit. Supposons qu'aucune contrainte ne lui soit imposée; la question qu'il doit rationnellement se poser peut se résumer ainsi: qu'est-ce que la philosophie du droit apporte au droit? Existe-t-il des raisons pour s'y intéresser?

Conséquemment à ce que nous avons dit précédemment, nous voulons définir la raison d'être de cette discipline à partir de trois objectifs d'une philosophie du droit assumant entièrement les exigences de notre contemporanéité, qui sont nommément: la distanciation réflexive par rapport au positivisme; la garantie d'une réflexion sur la rationalité juridique; et, enfin, l'autonomie des acteurs de droit à l'intérieur du projet juridique.

La première raison de nous intéresser à la philosophie du droit peut être définie par la négative: en fait, la philosophie du droit peut servir à relativiser le positivisme juridique et à nous distancier de celui-ci. Les différentes formes de positivisme juridique dans leurs aspirations scientifiques se présentent sûrement aujourd'hui comme l'idéologie dominante en droit. Que ce soit dans les domaines de l'enseignement du droit au sein des diverses facultés, de la production de manuels et de la doctrine juridique, ou de l'élaboration de la jurisprudence, c'est le paradigme de scientificité procédant des différents positivismes qui domine; plus précisément, l'opinion selon laquelle le droit doit être traité, découvert ou encore pensé comme un «objet». Le positivisme juridique affirme que le droit repose unilatéralement sur des propositions empiriques. Que tout ce qui ne peut pas s'écrire sur le mode de l'être ne peut pas être pensé sur le plan du «droit». À la limite, le positivisme juridique ne devient une philosophie du droit que pour mettre en place une «vraie» science du droit.

Le réductionnisme qui caractérise ainsi le positivisme juridique ne fait qu'occulter un point pourtant essentiel: les questions de droit concernent concrètement le droit que nous devons mutuellement nous donner. Le droit est pratique, puisque la question de l'ordre juridique prend la forme d'un «que faire», d'un faire qui nous affirme en tant que les auteurs et les destinataires du droit que nous voulons réciproquement honorer. Or, lorsqu'on se demande «*que faire?*», l'argumentation et les raisons qui doivent nous guider dans le choix d'assertions pouvant être considérées comme valides, ne peuvent jamais, sous aucun prétexte, être établies par une quelconque «science» ou définies comme «objets». La question «que faire» relève en réalité de l'espace public et des discours visant à sélectionner ce qui doit compter en tant que «droit» et que nous devrons nous engager à respecter.

En fait, les questions sur le «que faire» relèvent du domaine de la philosophie, dans la mesure où elle s'est approprié l'approfondissement rationnel des questions juridiques. Elle peut de ce fait nous mener plus loin dans notre réflexion, concernant la forme de droit que nous voulons voir se réaliser.

La philosophie du droit soumet, de façon réflective, les assertions sur le «que faire» à un processus d'évaluation, afin de permettre aux acteurs du droit de comprendre lucidement les enjeux du projet juridique. Elle nous accompagne pour mettre en évidence les présupposés qui se dégagent des propositions sur le «que faire». En clair, elle nous invite à nous rendre compte des préjugés qui se «cachent» derrière lesdites propositions: une proposition respecte-t-elle notre idée de l'homme comme un être autonome, ou engage-t-elle la question de l'homme dans des impasses déterministes ou d'hétéronomie? Respecte-t-elle l'exigence de justice qui doit régir cette sorte de relations intersubjectives? Une multitude de questions de cette nature peuvent être abordées, discutées et éclairées à l'intérieur de la philosophie du droit.

Ce que nous venons d'affirmer nous amène, dans un deuxième temps, à nous pencher sur la question de la rationalité, de la réflexion sur la rationalité juridique qui doit s'effectuer dans le cadre de la philosophie du droit. Notre position peut se résumer dans l'idée de la primauté de la rationalité pratique, plus particulièrement de la rationalité «communicationnelle», sur la rationalité théorique. Précisons cette idée en insistant sur la signification de ces concepts.

Nous pouvons qualifier de «rationalité théorique», ou encore scientifique, l'exposé cohérent et rationnel du droit «objectif» ou mieux «en vigueur». La rationalité théorique se rattache par conséquent à la conception théorique que se fait chaque chercheur de ce qui est «objectivement» cohérent et rationnel. Ceux-ci font encore référence à un discours de fondation soit axiomatique, soit nomotique. D'où la formation de deux grandes familles de rationalité théorique en droit.

Le premier discours (axiomatique) s'appuie sur des «vérités» qui peuvent être considérées vraies en soi ou vraies pour tout homme rationnel. Être cohérent et rationnel en droit suppose donc que l'on se réfère aux principes, aux règles, etc., considérés comme des *a priori* ou des principes fondamentaux. Une action pratique est ainsi jugée rationnelle si elle respecte ces principes de base servant à établir le caractère rationnel du «droit». Le plus important devient, par analogie directe avec les sciences pures, la procédure même de fondation qui ne peut être que le déploiement de ces principes, de ces règles, etc., considérés au départ comme «vrais».

Le deuxième discours (nomotique) s'appuie sur l'«expérience» comme critère de fondation d'un discours. Il prétend que le but d'une théorie est de rendre compte de la réalité du droit telle qu'elle est représentée dans le paradigme d'une «expérience» ou encore de la prévoir. Une approche adéquate doit, de cette façon, être fondée sur une étude en profondeur de ce paradigme, de même que sur une recherche capable de définir celle-ci en termes théoriques.

Certes, ces deux branches de la rationalité théorique correspondent aux deux courants majeurs du positivisme juridique contemporain, c'est-à-dire le positivisme «doctrinal» ou «normativiste» et le sociopositivisme, mais elles nous mettent surtout sur la piste des contraintes ou des limites de cette conception de la rationalité. Car nous constatons bien que la réflexion portant sur cette forme de droit se cantonne dans un discours de fondation du droit, qui s'enferme dans le «monologisme» du «vrai».

En adoptant une position critique à l'égard de cette façon de concevoir la question de la rationalité en droit, nous avons nous-mêmes fait le choix de plutôt concevoir celle-ci à la lumière d'une philosophie «communicationnelle» du droit. Cela nous semble être la seule issue possible si, comme nous l'avons avancé, la philosophie du droit doit se justifier à la lumière des arguments et des raisons à honorer publiquement.

En fait, en considérant la production d'arguments et de raisons comme l'enjeu majeur du projet juridique, la philosophie du droit accompagne pratiquement ce projet, en démontrant que la rationalité pratique que vise le droit se concrétise dans le discours. Le discours étant vu comme une pratique entre des sujets de droit, qui produisent des arguments et des raisons, et les proposent à la population à des fins d'évaluation et de validation. La rationalité communicationnelle, située dans le discours, permet de concevoir et d'évaluer le poids et la valeur des arguments soumis à la procédure de validation. Nous expliquerons plus amplement dans *Habermas, Légalité et Légitimité* (2012) sur cette façon de concevoir le droit.

La troisième contribution de la philosophie du droit est relative au concept et à l'exigence d'autonomie. Nous avons précédemment effleuré la question de la modernité juridique et pouvons à présent approfondir celle-ci en spécifiant que l'individu doit pouvoir se voir comme engagé dans un processus de réciprocité, lui permettant à la fois d'être l'auteur et le destinataire des droits et des institutions juridiques le concernant. Il s'agit, ainsi, de considérer le droit du point de vue de l'autonomie de tous les individus, qui peuvent, répétons-le, être à la fois les auteurs et les destinataires des droits.

En fait, la philosophie du droit peut accompagner cette conception de l'autonomie en veillant à ce que l'exigence d'autonomie soit toujours présente. Quiconque approche de près ou de loin la pratique du droit est inévitablement frappé par le poids des arguments de l'autorité. En effet, les figures rhétoriques prétendant que la loi dit ceci, que la jurisprudence a décidé cela, que la doctrine a tranché ceci, que la coutume a établi cela, risquent d'engager le projet juridique dans l'abnégation et l'obéissance aveugle aux arguments d'autorité. Un tel projet de droit est caractérisé par une complète hétéronomie, où l'individu n'a d'autre choix que d'obéir ou de subir. Beaucoup des malheurs qui ont affligé notre contemporanéité ne sont-ils pas issus d'une telle hétéronomie et de notre désir de la servir?

L'un des objectifs que nous envisageons pour la philosophie du droit est précisément d'examiner le rôle que doivent aujourd'hui jouer le concept et l'exigence d'autonomie. D'abord en ce qui concerne l'autonomie individuelle, et ensuite l'autonomie politique (à l'égard du processus de sélection de textes dits «sources du droit»). Vu que la science juridique s'écrit aujourd'hui sur le mode doctrinal ou encore «dogmatique», la philosophie du droit doit faire sienne la promesse de la modernité juridique, en évaluant le projet juridique en fonction de l'exigence selon laquelle les individus doivent pouvoir se percevoir réciproquement comme des auteurs et des destinataires de droit. Toute personne qui connaît un peu la pensée juridique contemporaine peut comprendre, à la mesure de ses connaissances et de sa faculté de distanciation, qu'il s'agit ici d'un programme de philosophie du droit, dont l'ampleur sera immense.

Précisons maintenant la réponse que nous donnons à notre question initiale: en fait, la philosophie du droit favorise la distanciation nécessaire au projet juridique au sens précis où elle accompagne réflexivement les acteurs de droit. La philosophie ne se définit par conséquent pas en termes de droit positif, le droit dit «valide», ou encore de science juridique. Elle ne doit pas être au service commandé. La philosophie du droit sert, comme nous le voyons modestement à la distanciation réflexive, à l'exigence de rationalité et d'autonomie.

Où se situe la philosophie du droit par rapport à d'autres formes de réflexion sur le droit?

Si la philosophie du droit a longtemps pu développer ses systèmes et ses axiomes juridiques en toute quiétude, sans trop se préoccuper de la société et des enjeux du pouvoir, rien ne justifie aujourd'hui une telle attitude. La philosophie du droit doit pouvoir assumer la fonction que nous lui attribuons, soit celle d'accompagner les arguments et les raisons relatifs au projet de droit, en se référant aux sciences empiriques.

Kant est le représentant le plus significatif de l'anti-empirisme, doctrine ayant caractérisé en grande partie la pensée juridique moderne. Pour notre part, nous croyons que la philosophie du droit n'a pas d'autre choix que de s'ouvrir aux sciences empiriques. Nous pouvons avoir envie de réécrire autrement une fameuse phrase de Kant de telle façon qu'une doctrine uniquement philosophique «du droit (comme la tête de bois dans la fable de Phèdre) est une tête qui peut être belle, mais dont il est simplement dommage qu'elle ne possède point de cervelle.»

En fait, la philosophie du droit doit mesurer ses arguments et ses raisons, avec les informations que peuvent donner les sciences. Les sciences les plus importantes nous semblent être l'histoire du droit, la sociologie du droit et l'anthropologie juridique. Si nous regardons de plus près leurs contributions, il nous semble que la recherche sur l'histoire du droit soit souvent un préalable à la philosophie du droit, une étape permettant d'élaborer des arguments et des raisons appropriées.

En fait, l'objectif que se donne l'histoire du droit, c'est d'illustrer comment ont été utilisées jadis les «sources de droit» par les acteurs juridiques, quelles ont été les conséquences sur le plan de l'institution juridique et les conséquences sociales, politiques, économiques, etc. de ces pratiques. L'historien cherche à exposer la «réalité historique» du droit, ou plus précisément à rendre l'histoire du droit intelligible selon des critères «scientifiques» acceptés par la communauté des historiens de droit.

La sociologie du droit se compare sous beaucoup d'aspects à l'histoire du droit. Comme l'histoire du droit, elle fait de la «réalité juridique» des hommes et des femmes, son objet de recherche. Elle est donc aussi l'enfant légitime de celle-ci. Or, la sociologie du droit, comparativement à l'histoire du droit, cherche à trouver la «loi» (ou la régularité, même dans sa «déviation») des «réalités» sociales qui gouvernent, déterminent, ou encadrent la vie des hommes et des femmes. La sociologie du droit étudie les relations de «causalité» entre les actions réelles et les actes de conscience qui forment, on le suppose, la «réalité» juridique. En ce sens, il est facile de comprendre pourquoi des théoriciens de la sociologie juridique sont tentés par le «jus-sociologisme», c'est-à-dire de croire, illégitimement, que leurs analyses empiriques donnent accès au «concept de droit». Pour la philosophie du droit, par contre, la sociologie juridique peut servir à rendre compte des contextes socioculturels où se transforment et sont évaluées les réalités «juridiques».

L'anthropologie juridique est, sous de nombreux aspects, beaucoup plus ancienne que l'histoire ou la sociologie juridique. Elle a, pour une large part, accompagné la pensée juridique depuis les Grecs et les Romains. Elle a, par conséquent, souvent un statut non problématique (parce que portée par la tradition juridique) à l'intérieur de la doctrine ou dogmatique juridique. En fait, la doctrine juridique abonde de références anthropologiques au prétendu «naturel» de l'homme, au discours selon lequel la procréation, la famille, la cité, l'économie, etc. sont naturelles.

L'anthropologie juridique a, depuis environ un siècle, tenté de devenir une science, une discipline, étudiant l'homme et la femme dans leur milieu social et culturel. Si cette discipline a longtemps pu se consacrer aux cultures non occidentales, le déplacement vers le monde occidental et les enjeux mêmes de la modernité fondée sur des notions comme le pluralisme, le multiculturalisme, le fondement anthropologique des droits de l'homme, etc. a pu symboliser le renouveau de la pensée anthropologique juridique. Quoi qu'il en soit, c'est surtout sur le plan de la méthodologie que l'anthropologie juridique rejoint aujourd'hui la philosophie du droit, en soulignant l'origine culturelle de nombreuses opinions admises de façon générale, comme étant inéluctable.

En plus, en tant que prolongement de ces trois grandes disciplines factuelles s'intéressant à l'homme versus le «droit», s'ajoutent des disciplines comme celles de l'ethnologie juridique, de l'analyse économique de droit, de la politicologie juridique, de la criminologie, etc. Nous pouvons cependant dire que ces trois disciplines représentent pour la philosophie du droit, des partenaires et des concurrents, en ce qui concerne le développement des arguments et des raisons relatifs au projet juridique. Nous pouvons dire que les sciences auxiliaires du droit et de la philosophie du droit poursuivent le même objectif en insistant sur le développement avisé d'arguments et de raisons.

La philosophie du droit possède cependant certaines caractéristiques, qui la différencient incontestablement de ces autres disciplines.

D'abord, celle de la distinction entre idée («norme») et fait (facticité). Ce qui caractérise toutes les disciplines que nous venons de nommer est la constatation qu'elles se rattachent au fait. Elles considèrent même les questions d'ordre idéal sont «explicables» par les faits, ce qui implique que les arguments et les raisons produites par ces disciplines risquent d'être réduits à de simples arguments factuels. D'où aussi, le risque d'un déterminisme culturel non avoué. Si ces disciplines peuvent s'avérer indispensables au projet juridique, il reste qu'il serait absurde et dangereux de réduire ce projet à une quelconque «factualité». La philosophie du droit doit, par conséquent, défendre l'autonomie du projet juridique en affirmant que tout passage des faits aux «devoir-être» (ou le monde des idées normatives) est illégitime. Ce que l'homme a fait est une chose, ce que nous devrions, pouvons et choisissions faire en est une autre.

Il peut sembler futile d'insister encore aujourd'hui sur l'illégitimité d'un passage du fait vers le monde normatif, mais un examen de la production doctrinale ou encore des théories du droit est là pour nous convaincre que non. En fait, l'hégémonie actuelle du positivisme juridique et le normativisme qui traite précisément le «droit» sur le modèle de l'«être» et «devoir être» est là pour nous le prouver. Soulignons, aussi, comment les termes comme «interdisciplinarité», «transdisciplinarité» ou «multidisciplinarité» servent le plus souvent à prétendre que les questions de droit peuvent être résolues de manière factuelle.

Une autre différence caractérise également la philosophie du droit: son exigence de penser en fonction d'une universalité non donnée. Les disciplines mentionnées, du point de vue de la méthode ou de l'objet d'étude, penchent par contre vers le particulier. En fait, l'objet de recherche est par nécessité «scientifique», pensé sous l'angle de la «factualité» particulière choisie. Sur le plan argumentatif, le risque que ces disciplines n'invoquent pas uniquement des arguments et des raisons à des fins de recherche, mais qu'elles les transposent aussi en idéologie particulariste est donc très élevé. Avec, pour conséquence non souhaitable, l'engagement du jugement juridique dans cette même idéologie particulariste.

La philosophie du droit, en faisant de l'exigence d'universalité l'horizon de ses choix, doit, par contre, travailler en vue de dépasser les particularités d'ordres culturels, religieux, politique, économique, etc. Elle doit forcer les participants du projet juridique, c'est-à-dire tous les individus, à envisager, au-delà des normes culturellement valables, la question de validité à la lumière de ce que tous peuvent unanimement reconnaître comme norme universelle. La philosophie du droit ne peut donc pas reposer sur sa propre conception de l'universalité, puisqu'elle n'en a aucune, mais doit défendre la perspective de l'universalité par opposition au particularisme et participer avec des arguments et des raisons en vue de voir se concrétiser, toujours temporellement, cette même exigence d'universalité.

Quoi qu'il en soit, la philosophie du droit ne peut plus faire abstraction des contributions venant d'autres formes de réflexion sur le droit. La philosophie du droit n'est plus la tour d'ivoire nous permettant de voir plus loin ou encore d'éclairer des zones demeurées dans l'ombre. Elle est elle-même une actrice du projet juridique et doit pouvoir prendre à la fois le pouls de la réalité et envisager la portée réelle des arguments et des raisons, qui appuient le projet de droit.

Du fait même que notre modernité a mis le droit au premier rang de ses préoccupations, elle a propulsé la philosophie du droit au cœur de conflits politiques, moraux (éthiques), culturels, religieux, etc., qui comptent pour ses protagonistes. La philosophie du droit ne peut plus assumer aujourd'hui son rôle sans prendre le pouls de la «réalité».

Que signifie penser philosophiquement le droit?

Tout ce que nous venons de dire aurait certainement besoin d'être développé davantage. Il sera cependant plus utile d'insister sur ce que signifie penser philosophiquement le droit.

Insistons d'abord sur le fait que nous considérons le droit comme étant inhérent à un processus de formation collective et individuelle de volonté et d'opinions. Il s'agit d'une conception inhérente à notre héritage de la modernité juridique. Au lieu, cependant, de confiner la philosophie du droit dans un quelconque rôle d'Éclaireur, nous avons choisi de la personnifier dans le rôle plus modeste de l'Accompagnateur. La philosophie du droit accompagne la réflexion que toutes les personnes peuvent faire au sujet des arguments et des raisons à évaluer dans le projet juridique moderne. Il accompagne même les personnes dans le processus de sélection de textes pouvant être honorée en tant que valides.

En deuxième lieu, la philosophie du droit fait sienne la promesse même de la modernité juridique: les sujets du droit doivent pouvoir être perçus réciproquement comme des auteurs et des destinataires du droit. Comme notre contemporanéité juridique est presque exclusivement bâtie sur la perspective des destinataires, la philosophie doit prendre sur elle la responsabilité d'assurer le rôle des auteurs et la signification de cette position pour la pensée juridique. Elle doit faire en sorte que l'exigence de la modernité juridique ne se perde pas dans des luttes de pouvoir, mais demeure l'horizon de notre façon de penser et de concrétiser le projet juridique.

Bref, la philosophie du droit ne sert pas le droit positif, mais le projet moderne de droit, toujours à réaliser démocratiquement.

Chapitre 3: Le concept du droit et la réflexion philosophique contemporaine

Dans ce chapitre, nous introduisons un aperçu général de ce que constitue la philosophie du droit. Ainsi, nous insisterons sur ce que font les philosophes du droit et plus spécifiquement sur les problèmes de réflexion non positiviste qui caractérisent la philosophie du droit. Nous nous attarderons également sur le concept du droit lui-même ainsi qu'aux problèmes relatifs à la constitution philosophique du droit en tant qu'objet de réflexion. Il nous est d'ailleurs permis d'affirmer que cette dernière question représente la perspective classique de la philosophie du droit. Comme il s'agit d'un aperçu général, plusieurs questions resteront sans réponse.

Prolégomènes.

Avant d'aborder spécifiquement en quoi consiste la philosophie du droit, glissons d'abord quelques mots sur la notion même de "philosophie du droit", ainsi que sur le double point de vue qui y est sous-entendu: philosophie et droit des juristes.

Quant à la notion même de "philosophie du droit", cette dernière n'a pas comme objet "le droit" proprement dit. Elle se rattache, plutôt indirectement et de manière très générale, aux réflexions liées à la notion de droit. Il s'agit de réflexions distanciées du droit telles que généralement reconnues et non d'une analyse en vue de clarifier les règles juridiques en vigueur: le droit dit valide. Il convient donc de souligner que la philosophie se distingue de tout travail dans un cadre positiviste du droit, de toute approche traitant du droit ou de tout phénomène de droit en tant qu'objet scientifique, tel que traité par l'anthropologie juridique, la sociologie du droit, l'histoire du droit, etc. Ces différents domaines du droit ont également un certain caractère distancié et réflexif vis-à-vis l'objet du droit, mais ils trouvent leur objet à titre de "donnée", dans un monde factuel. À la différence de ces domaines du droit qu'on apprécie selon des critères descriptifs, la philosophie du droit présente le droit comme objet de réflexion. Autrement dit, elle le dessine dans la "pensée". Ainsi, la philosophie du droit demeure essentiellement universelle dans sa visée.

Orientons-nous, ensuite, vers le double point de vue impliqué dans cette notion de philosophie du droit. De fait, la philosophie du droit peut s'expliquer tant à partir d'une position philosophique, que d'une expérience juridique.

Le premier point de vue, généralement adopté par des philosophes, aussi bien de profession que de vocation, se caractérise par l'investigation philosophique de l'objet du droit à partir d'une position philosophique qui peut s'avérer être une école, une tendance, un système, une méthode, une problématique, une notion philosophique, etc. L'objet du droit devient généralement une application de la position philosophique, démontrant qu'elle peut servir adéquatement à éclairer notre façon de concevoir le droit. La philosophie du droit est souvent sujette à l'élaboration d'un système axiomatique du droit, en vue d'expliquer la réalité du droit.

Le deuxième point de vue est généralement adopté par les juristes qui ressentent le besoin d'une réflexion plus fondamentale sur le droit. Le fondement de cette démarche repose avant tout sur leur expérience, laquelle détermine l'ampleur de leur réflexion sur le sujet. En fait, le courant dit de "philosophie juridique", ainsi que celui de plusieurs auteurs appelés "théorie générale du droit", restreint souvent la réflexion philosophique en ce qu'elle n'est utilisée que pour légitimer des positions spécifiques relatives à la conception même du droit positif. Conséquemment, la philosophie des juristes se caractérise par un souci marqué pour la pratique juridique et par l'efficacité des procédures et schèmes mentaux qu'elle propose. Néanmoins, il s'agit là d'une réflexion constructive nullement approfondie.

Le résultat de ces deux points de vue pris isolément favorise une analyse superficielle de la philosophie du droit: étudier la philosophie du droit sans "philosophie" ou sans "droit" trahirait en quelque sorte aussi bien l'un que l'autre... et avec raison!

En fait, ces deux points de vue distincts démontrent clairement le déchirement prévalant à l'intérieur de la philosophie du droit.

Il s'agit du même type de débat entourant "Dieu" chez les philosophes et les théologiens. Le "Dieu" des philosophes ne nécessite aucun acte de foi, c'est un "Dieu" émanant de la raison. Le "Dieu" des théologiens, au contraire, est édifié au-dessus de toute instance de raison: c'est le "Dieu" de la foi. De même, le déchirement que connaît la philosophie du droit prouve la légitimité de la philosophie qui œuvre sur l'élaboration d'une "Raison-Ordonnatrice" et les formes d'"Idéo-Droit" qui en résultent. La légitimité de la philosophie des juristes touche essentiellement à l'axe d'une "Expérience-Ordonnatrice" en élaborant des formes de "vrai" droit, entraînant ainsi le débat mentionné plus avant.

Bien que la philosophie du droit soit fractionnée entre ces deux perspectives, il n'en demeure pas moins que de ce déchirement émerge une énergie créatrice des plus fructueuses, en ce qu'elle permet aux deux disciplines de mobiliser ce qui leur est propre et de les confronter. L'ampleur et la richesse de la philosophie du droit contemporaine en témoignent.

Par ailleurs, nous sommes personnellement d'avis que le prochain virage de la philosophie du droit doit se faire en abandonnant toute prétention "ordonnatrice", tant du côté philosophique que juridique, afin de permettre le développement de la philosophie du droit entre les notions de "Raison" et d'"Expérience". Il s'agit de nouveaux horizons philosophiques du droit que nous n'avons aucunement l'intention d'élucider davantage dans le cadre de ce chapitre.

Après ces quelques remarques, abordons le vif du sujet en présentant les prochains thèmes abordés.

Nous nous attarderons d'abord à la question de savoir ce qu'est le droit -la question ontologique-, pour ensuite examiner de quelle façon nous pouvons connaître le droit -la question épistémologique-. Nous tenterons par la suite de définir ce qu'est le droit "devoir-être" -la question du droit naturel ou l'idéal du droit-. Finalement, nous analyserons la question de l'éthique et du droit. Il s'agit en fait des quatre grandes questions classiques de la philosophie du droit.

La question ontologique

Dans un premier temps, examinons la question concernant ce que le droit "est" pour un partisan ontologisante, autant classique que rationaliste et normativiste. Il s'agit selon un adepte de l'ontologie du droit de réfléchir et de s'interroger sur l'essence même du droit, en dehors de la notion ordinaire du positivisme juridique. Une brève incursion dans l'histoire de la philosophie du droit démontre que cette question a longtemps été la plus importante de toute la réflexion sur le sujet.

Historiquement, le droit se concevait soit dans "les choses", soit dans "les esprits". Dans un même ordre d'idée, les Anciens défendent une conception du droit en tant que "Verbe" alors que les Modernes penchent plutôt pour un concept du droit comme "Sujet".

Aristote considère le droit comme un art. Pour ce dernier, comme pour les juristes romains, le droit est essentiellement synonyme de justice commutative ou distributive. Il s'agit d'un art qui consiste à déterminer, dans une cité ordonnée, ce qui est réellement dû à chaque citoyen. Le droit s'inscrit ainsi dans la hiérarchie même de la cité et représente la parole de justice enracinée dans la cité. Si ce "Droit-Verbe" se caractérise chez Aristote par l'existence d'une cité bien ordonnée, pour d'autres philosophes anciens, sa caractéristique essentielle demeure la nature cosmologique ou le monde des idées.

La leçon à tirer de la philosophie du droit moderne tient au concept de "Droit-Sujet", lequel rattache, bien entendu, le droit au sujet et à ses qualités intrinsèques comme l'autonomie, la dignité, la volonté, etc. C'est le philosophe Kant qui aurait élaboré le système de Droit-Sujet le plus perfectionné. En rattachant le droit au sujet en tant que volonté autolégislative, Kant soumet le droit au tribunal de la raison et en fait un postulat de la raison *a priori* des sujets. L'ontologie du droit se confond ainsi avec la métaphysique des sujets.

Dans la philosophie du droit contemporaine, la controverse entre "Droit-Verbe" et "Droit-Sujet" se perpétue. Il faut malgré cela préciser que cette controverse est aussi délaissée au profit des positions empiriques du droit. En fait, les courants empiriques (ou de théorie empiriste), telles les théories d'Alf Ross et de Herbert L. A. Hart, situent la question de l'ontologie du droit dans la prédictibilité des personnes ayant la compétence d'énoncer le droit, à savoir chez les juges-magistrats. Cette dernière perspective a fait basculer plusieurs thèmes de la philosophie du droit dans la science du droit où la question ontologique du droit ne repose que sur les définitions communément admises exprimant que le droit "est" un ensemble de règles ou de «normes» (i.e. des idées supposées «obligatoires»).

Les différentes tentatives contemporaines afin de réécrire l'ontologie du droit selon le schème de la querelle prévalant entre les Anciens et les Modernes ne nous apparaissent pas vraiment pertinentes dans le contexte actuel. Leur horizon métaphysique n'est plus le nôtre. Par conséquent, nous pouvons observer l'émergence de différentes nouvelles formes d'ontologie du droit, comme la théorie systémique ou autopoïétique, la nouvelle théorie de l'institutionnalisme du droit, et autres théories dont les résultats ne sont pas des plus convaincants.

Toutefois, il nous semble que l'investissement philosophique dans le langage et son utilisation pragmatique dans la philosophie du droit s'avèrent beaucoup plus fructueux. De fait, grâce au tournant langagier, la question ontologique du droit s'aventure aujourd'hui vers de nouveaux horizons: une ontologie du "Sujet-Langagier" (Karl-Otto Apel; Jean-Marc Ferry) ou un agentivité contribuant au sens intersubjectif du langage (l'agir communicationnel de Jürgen Habermas). Ces nouvelles réflexions ont eu pour effet d'écarter la question métaphysique des Anciens et des Modernes dans ce domaine.

La question épistémologique

Tournons-nous maintenant vers la question de la connaissance potentielle du droit. Il convient de souligner que toute réflexion sur l'épistémologie juridique réfère nécessairement à des conceptions de scientificité et de rationalité établies autrement. Ainsi, à ce titre, la réflexion sur la philosophie du droit consiste en grande partie à élucider la relation entre la spécificité du droit et la possibilité de la connaissance telle que développée par une théorie épistémologique spécifique. Deux courants se confrontent ici: l'épistémologie de l'observateur et l'épistémologie de participation.

D'une part, l'épistémologie juridique de l'observateur se fonde sur le paradigme d'un individu qui "observe" théoriquement son objet et qui, selon des règles scientifiques plus ou moins établies parmi les différentes théories de connaissance scientifique, expliquera son objet. Aujourd'hui, cela signifie souvent de déterminer le droit comme objet de connaissance scientifique. Concrètement, la connaissance du droit est identifiée à un aspect significatif du droit, à savoir ses concepts, ou au langage juridique en général, ou encore aux attitudes psychologiques des acteurs juridiques. Il s'agit surtout de courants épistémologiques tels l'empirisme ou la philosophie analytique.

D'autre part, l'épistémologie juridique de participation repose, elle, sur le paradigme que nous ne pouvons pas "observer" le droit puisque, cette fois, le droit trouve tout son sens dans un contexte qui nous définit également. Le droit n'est pas "nature", mais "culture" et il doit être reconnu comme tel. C'est l'herméneutique juridique qui est cette philosophie du droit contemporaine, laquelle privilégie cette voie. Cette approche propose également que dans toute connaissance, la personne qui connaît soit déjà impliquée. La perspective herméneutique permet ainsi de quitter le paradigme de l'observation qui domine l'épistémologie juridique, et nous force à nous interroger sur le droit dans la perspective de la connaissance qu'une personne peut acquérir dans un contexte qui la définit également.

En fait, la question de l'une ou l'autre de ces approches n'est pas uniquement épistémologique en vue de rendre compte de l'objet d'étude, mais elle est souvent aussi travaillée par des "intérêts épistémologiques". Ainsi, l'épistémologie de l'observation prêche plutôt pour la "neutralité", tandis que l'épistémologie de participation prend nécessairement position au niveau social.

L'épistémologie juridique sous-tend la question relative à la rationalité juridique. Pour l'épistémologie juridique, la question de la rationalité et du type de rationalité occupe une place de première importance. Il s'agit d'une question "classique" dont l'importance pour le droit s'accroît dans notre culture moderne imprégnée par les perspectives de "scientificité", d'utilité, d'efficacité, etc.

Ici, la philosophie du droit se concentre sur les discours possibles de rationalité du droit. En effet, lorsque Max Weber identifie la rationalité du droit comme activité rationnelle par rapport à une fin, et fait de cette forme de rationalité la clé conceptuelle pour comprendre le droit, il nous porte à croire qu'il est fort probablement un bon analyste des tendances de la société de son temps. Mais à titre de philosophe, il engage cette compréhension du droit sur l'unique voie de la rationalisation de ces moyens. Nous connaissons le succès de ce discours sur la rationalité, ce qui nous permet de comprendre pourquoi la philosophie du droit s'intéresse tellement à la question des discours de rationalité. Les mouvements philosophiques qui cherchent l'instauration d'un concept de rationalité communicationnel, comme chez Habermas ou la réévaluation et le déplacement de la rationalité dite esthétique, que nous pouvons observer comme tendance dans la philosophie du droit ces dernières années, témoignent de cette préoccupation croissante pour la question de la rationalité du droit.

La question du "devoir-être"

Le troisième aspect du concept du droit concerne la question du "devoir-être" du droit. Autrement dit, cette question, à savoir ce que le droit doit être, s'intéresse plus précisément à la recherche de la *lege ferenda* et de l'évaluation normative du droit. Même si cette question a longtemps été confondue avec la question ontologique de ce qu'est le droit et la question épistémologique du comment connaître le droit, il convient de préciser la spécificité de cette question.

Nous pouvons affirmer qu'aujourd'hui la ligne de partage se situe entre ceux qui cherchent à faire une théorie totale et globale du droit sur la notion du "devoir-être" juridique, et ceux qui cherchent uniquement des repères particuliers de ce "devoir-être".

Nous pouvons identifier la première perspective: le renouveau de la pensée jusnaturaliste.

En effet, nous remarquons tout d'abord que le droit naturel des Anciens, comme celui des Modernes, connaît un essor remarquable depuis une vingtaine d'années. Au-delà des différences de l'un et de l'autre, ils ont communément élaboré le principe de "l'Idéo-Droit " qui prétend expliquer la réalité du droit. En fait, leurs travaux tendent vers l'élaboration d'une théorie globale permettant d'évaluer et de juger le droit existant. C'est historiquement le concept de "Justice" ou simplement du "juste", qui a servi de pierre angulaire à l'élaboration d'une telle théorie. Les Modernes, eux, ont plutôt privilégié des concepts tels "Raison", "Volonté", "Autonomie", "Contrat social", et bien d'autres. Mais en général, c'est le paradigme de droits subjectifs (rights) qui sert de mesure idéale moderne. La dernière constatation nous conduit, d'ailleurs, sur la piste du caractère essentiellement idéaliste des constitutions des sociétés modernes qui sont bâties sur l'axe d'un "Idéal" à réaliser.

Dans un deuxième temps, nous pouvons aussi observer le recours au principe d'un "devoir-être" juridique, mais de façon beaucoup plus modeste que dans les différents courants dits de "critique du droit". Il ne s'agit pas de développer un "Droit idéal", mais plutôt de supposer plus particulièrement et philosophiquement l'existence d'un idéal du droit. Cette existence n'est jamais explicitement développée en philosophie du droit, mais se retrouve dans des solutions et des avenues jugées plus justes, rationnelles, équitables, égales, démocratiques, etc. D'ailleurs, nous pouvons observer des courants dits de critique de droit qui font de cette évaluation normative leur raison d'être, comme le courant du féminisme juridique, et en partie, les mouvements du "*Critical Legal Studies*".

Sur plusieurs aspects, les théories de droit naturel et celles de critique du droit sont complémentaires. Toutefois, les critiques du droit se distinguent par leur désir de mobiliser le "devoir-être" du droit en se référant aux analyses factuelles ou contextuelles.

La question du "devoir-être" du droit est relative au droit en tant qu'institution. Il s'agit ainsi d'une question qui est intimement liée à celle de savoir ce qu'est une "bonne institution" telle qu'élaborée par la philosophie politique et sociale. Il nous semble qu'aujourd'hui, le grand débat s'attarde à la justification de nos institutions selon une conception soit de "justice", de "juste", ou de "bien". Des "communautariens" comme Michael Sandel et Charles Taylor prônent une justification selon la conception du "bien", alors qu'un penseur libéral comme Rawls insiste plutôt sur une justification selon la conception du "juste". Peut-être les avenues les plus prometteuses consisteront-elles à tirer le meilleur de ces deux positions, comme le propose d'ailleurs subtilement la théorie communicationnelle de Jürgen Habermas?

La question de l'Éthique et du droit

Si nous devons chercher une constante dans la réflexion philosophique du droit, il semble que celle-ci se trouve du côté de l'Éthique. Il s'agit alors de comprendre le droit dans la perspective de ce que nous devons faire et des actes que nous devons poser. Les adeptes du positivisme juridique n'ont pas entièrement tort en associant cette question aux réflexions sur le "devoir-être" du droit; cette association se traduit soit par un rejet de toute considération éthique (Kelsen), soit par la confirmation de quelques règles éthiques minimales positivées (Hart).

Depuis Socrate, il s'agit en fait d'une constante dans la philosophie du droit que d'insister sur cette question fondamentale: que faut-il faire? Cette question du droit se trouve engagée dans une perspective qui met l'accent sur les agents du droit ainsi que sur un modèle de l'agir normatif où celle-ci trouve sa place. En fait, nous pouvons définir l'Éthique comme imposant une justification rationnelle de nos choix individuels et collectifs. En tant qu'acteurs du droit, aux niveaux juridique et social, nous sommes ainsi constamment appelés à justifier nos actes de façon rationnelle et à clarifier la finalité de nos actions. Par conséquent, le problème capital consiste à distinguer entre le droit et l'Éthique. Car si le principe de la spécificité du droit prédomine dans nos réflexions sur l'ontologie du droit, l'épistémologie du droit et le "devoir-être" du droit de façon non problématique, ce principe demeure cependant problématique vis-à-vis l'Éthique. La distinction entre l'Éthique, laquelle se réfère à la conscience ou à l'intériorité d'un sujet, et le droit qui est associé aux actes sociaux ou à l'extériorité des sujets, a longtemps été considérée comme le critère classique. Ce modèle d'explication est de plus en plus contesté et délaissé au profit de plusieurs autres. Mentionnons notamment les modèles élaborés par Hart et Habermas.

Le débat actuel en philosophie du droit, relatif à l'agir, régulé par des normes, se concentre aujourd'hui autour de la question de savoir comment fonder les normes juridiques. L'idée est de créer une figuration théorique dite «norme» dans le rôle de l'intermédiaire abstrait entre la théorie strictement comprise et l'écriture de la doctrine juridique.

L'observateur de la philosophie du droit contemporaine ne peut qu'être frappé par l'antagonisme existant entre ceux qui cherchent à instaurer un discours en vue de fonder des normes, et ceux qui s'y opposent en totalité. D'une part, nous observons comment l'héritage des "Lumières" est repris dans les différents programmes philosophiques afin d'assurer un fondement ultime aux normes. Il s'agit surtout de différentes formes de kantisme juridique qui se reflètent ici. D'autre part, nous observons un discours non fondé de normes. Ce discours se rallie facilement à la philosophie communicationnelle de Habermas sur laquelle nous avons eu l'occasion de nous prononcer. Il s'agit, en fait, de divers programmes philosophiques présentant des réflexions sur notre façon de concevoir les modèles de l'agir, de même que le rôle de la justice, de la vie bonne, et bien d'autres. Ils revêtent une importance primordiale pour le droit puisqu'ils nous offrent d'ouvrir nos esprits aux différents horizons culturels du droit qui peuvent être, à bien des égards, si distincts du nôtre.

Le domaine du droit et de l'éthique fait souvent l'objet d'innombrables débats. Les problèmes éthiques confrontent l'humanité et ont souvent une répercussion directe sur le domaine du droit. Nous n'avons qu'à penser à la bioéthique, l'avortement, le suicide assisté, l'écologie, etc.

En guise de réponse: la philosophie du droit comme horizon

La philosophie du droit contemporaine confirme la préoccupation première pour le concept du droit. Les œuvres déterminantes, de Hans Kelsen "*La théorie pure du droit*", de Herbert L.A. Hart "*Le concept du droit*", de Ronald Dworkin "*Prendre les droits au sérieux*", ne font que reprendre les problématiques relatives au concept du droit en leur donnant des réponses cohérentes. Néanmoins, si nous devions tracer une certaine tendance, nous pourrions dire que notre contemporanéité donne de plus en plus de poids à une pensée normative en relation avec d'autres disciplines, telles les sciences sociale, politique ou anthropologique. Il s'agit, selon nous, d'un signe de la vitalité portée à la réflexion philosophique sur le droit que de mettre à l'épreuve ses résultats et, ainsi, les valider.

Nous avons mentionné que la philosophie du droit demeure un domaine plutôt ouvert, offrant maintes possibilités, et œuvrant auprès de la culture du droit tant actuel qu'éventuel de nos sociétés modernes. Précisons maintenant la portée du concept du droit tel qu'explicité par la philosophie du droit. Ce travail philosophique s'adresse à la culture du droit disponible dans une société qui a fait du droit l'horizon de ses choix et de ses actions. En fait, le but recherché est de renouveler et d'enrichir cette culture. Nous pouvons dire que la philosophie du droit poursuit comme objectif de "repérer et préserver les places" - pour paraphraser Habermas - qu'occupent potentiellement les pratiques et les théories du droit de cette culture.

En dernier lieu, nous tenons également à souligner les aspects éthiques et politiques de la philosophie du droit.

Soulignons d'abord la responsabilité que possède toute personne qui fait de la philosophie du droit. La philosophie du droit représente un enrichissement dimensionnel à la culture du droit. Son sens, tout comme son rôle, consiste à ouvrir de nouveaux horizons à notre culture. Étant donné que la philosophie du droit travaille sur la culture du droit, elle touche à un domaine de la vie sociale et humaine d'une importance capitale pour tous. Tout philosophe du droit doit conséquemment évaluer les impacts éthiques qui découlent de son travail.

Par ailleurs, le philosophe du droit a aussi une responsabilité vis-à-vis la société. Il doit être à l'écoute de la société et des individus qui la composent. L'injustice, l'oppression, l'ostracisme, entre autres, demeurent toujours présents au sein de nos sociétés modernes; la scène internationale nous semble plutôt sombre. Faire de la philosophie du droit est aussi un engagement, un engagement pour le droit, pour le règlement de nos querelles par le droit.

En ce sens, la philosophie du droit se caractérise davantage par l'horizon qu'il ouvre et par les possibilités qu'elle envisage, que par son passé, aussi glorieux soit-il.

Chapitre 4: La philosophie du droit dans le tourbillon de la modernité

Écrire de la philosophie du droit, aujourd'hui, ne signifie plus comme autrefois semer, avec maestria, les grands noms ou encore remémorer, avec style, tous les concepts sympathiques qui sont hâtivement supposés, par magie, caractériser l'entreprise juridique.

Il ne s'agit pas non plus de se prendre pour la Science personnifiée et de sermonner, à droite et à gauche, ou à qui veut bien l'entendre, la bonne nouvelle qu'on a superbement réussi à concocter.

Loin de telles conceptions boiteuses, retenons plutôt, en ce qui nous concerne, que l'horizon de notre modernité juridique se situe résolument sur le plan «argumentatif», c'est-à-dire sur le plan d'une argumentation qui combine – dans un esprit de réciprocité et d'interdépendance – l'espace judiciaire et l'espace public comme les deux versants de la même montagne. En conséquence, c'est la philosophie du droit elle-même qui devient «argumentative» et qui accompagne, désormais, ce projet de la modernité dans tous les coins et recoins de toute question de droit. Par souci de réalisme, il faut assigner, en connaissance de cause, un rôle plus spécifique à la philosophie du droit et surtout l'envisager, à l'avenir, comme n'étant vouée qu'à l'accomplissement d'une modernité juridique toujours inachevée. Un peu comme si celle-ci travaillait dans une tension, la faisant osciller entre une «légitimité» et une «légalité» toujours à faire, à refaire et à «défaire».

Conséquemment, écrire et penser la philosophie du droit aujourd'hui demande, pour peu que nous ayons raison, une distanciation libératoire et émancipatoire à l'égard d'un dogmatisme ayant jusqu'ici lourdement hypothéqué le sain développement de cette discipline, d'où l'objectif que nous attribuons à notre essai: celui d'expliquer et d'illustrer le sens d'une telle «distanciation libératoire» à l'intérieur de la modernité juridique.

Il faut toujours viser l'essentiel et peu nous importe ici le «contenu», manifestement surfait, de tout ce qui s'écrit aujourd'hui sous le sceau de «philosophie du droit».

L'essentiel de notre propos, tel que nous l'envisageons, peut tenir en quatre assertions qui, s'enchaînant l'une dans l'autre, critiquent la dérive dogmatique de la philosophie du droit contemporaine et désignent, tel est notre objectif, autant de libérations intellectuelles à mettre en œuvre impérativement. Nous souhaitons, de la sorte, affranchir la philosophie du droit, d'abord du rôle ingrat de «chien de garde» de l'écriture de la doctrine en droit, ensuite, de l'emprise malfaisante exercée par l'idéologie étatiste, ainsi que de toutes les formes de réifications du «droit» qui portent atteinte à l'autonomie et au rôle des individus et enfin, de tout discours «fondationaliste» concernant la question du droit. Soutenons, pour nous exprimer en termes thérapeutiques, que c'est uniquement par un tel processus d'autocompréhension que la philosophie du droit pourra s'écrire avec confiance sur l'horizon de la modernité juridique.

«Tu te libéreras de la tâche d'édicter la norme de l'écriture doctrinale»

Notre première assertion soutenait qu'il faut libérer la philosophie du droit de tout rôle de «chien de garde» quant à l'écriture de la doctrine juridique. Bien que, pour beaucoup de théoriciens contemporains, le rôle de la philosophie du droit se réduit à servir et à fonctionner comme un «chien de garde», notre réponse à nous ne sera qu'un refus sans appel.

Un tel cerbère qui supervise, contrôle et ordonne l'écriture de la doctrine, de la dogmatique ou encore de la «théorie» du droit, n'a tout simplement pas d'intérêt. Pis encore, loin d'être l'expression d'un souci de «sobriété», il ne s'agit de rien d'autre, en ce cas, que d'une célébration de la victoire «positiviste» sur les différentes conceptions du droit naturel et du partage du terrain, sinon du butin, intervenu au cours du 20e siècle. C'est justement l'héritage de cet acoquinement entre les partisans du droit naturel et ceux du positivisme juridique qu'il faut, à juste titre, récuser en tant qu'il assigne, à tort, ce rôle à la philosophie du droit relativement à l'écriture de la doctrine.

Plusieurs grands noms pourraient être évoqués pour illustrer cette dérive, mais avouons que la conception du philosophe du droit danois Alf Ross l'exprime à merveille. Telle qu'envisagée par Ross, la philosophie du droit plane superbement au-dessus de la doctrine, tout comme celle-ci domine à son tour la si banale pratique du droit. En fait, Alf Ross développe une hiérarchie des tâches qu'il exprime de cette façon: «L'objet de la philosophie du droit n'est pas le droit, ni quelque partie ou aspect de celui-ci, mais l'étude du droit. La philosophie du droit se situe, littéralement parlant, à un étage supérieur d'où elle plonge son regard sur son objet».

La philosophie du droit n'aurait donc jamais à faire avec le droit ni avec sa pratique (cela reste le travail des avocats, des notaires, des procureurs, des juges et arbitres et ainsi de suite). Non, la philosophie du droit, selon Ross, ne se préoccupe que de l'écriture de la doctrine en assurant que celle-ci ne s'écarte pas des paramètres «scientifiques» qu'elle a imaginés. La philosophie du droit exerce donc ce sacerdoce en majesté au-dessus des têtes des pauvres universitaires qui ne travaillent que sur la doctrine, avec l'objectif spécifique de s'assurer qu'ils écrivent bien celle-ci, selon les préceptes qu'elle leur pourvoit.

La philosophie du droit, toujours selon Alf Ross, n'a rien d'autre à faire que fournir, ou encore «développer», les instruments, les théories ou la «science» (et la technique) servant à écrire la doctrine. Ainsi la philosophie du droit peut-elle, quoique faussement à notre sens, prétendre s'offrir comme caution «scientifique».

Comme l'affirme Ross:

> «Il s'ensuit que la philosophie du droit n'a aucun objet spécifique coordonné avec et distinct de l'objet même de la «science du droit» – l'étude du droit – dans ses ramifications multiples. La relation de la philosophie du droit avec l'étude du droit en est une de miroir, miroir tourné vers l'appareillage logique de cette dernière, en particulier son appareillage de concepts, dans le but de faire de celle-ci une analyse logique plus détaillée que celle donnée dans les différentes études spécialisées du droit lui-même. Le philosophe du droit (...) prolonge ses recherches dans ce qui constitue souvent les prémisses tenues pour évidentes par le juriste. Il trouve son objet de prédilection dans les concepts fondamentaux ayant en eux-mêmes une portée générale, par exemple, le concept

de “droit valide”, qui pour cette raison n’est attribué comme mission spécifique à aucun des nombreux spécialistes œuvrant dans le vaste champ du droit».

Il résulte de cette position, que la philosophie du droit devrait offrir des concepts, des «normes», des «règles», des «principes» à la doctrine du droit, tout comme une quincaillerie du coin nous équipe en outils.

Un peu hardiment, un rossien s’imagine une «valse» de concepts qui se lèvent, s’apparient et qui, dans le mode et la tonalité fournis par la philosophie du droit, bougent au rythme même de l’écriture doctrinale. Puisque la partition n’est pas close, tout philosophe du droit demeure, selon Ross, engagé dans la tâche de rafistoler les vieux concepts, d’en forger de nouveaux, ou encore de mettre des contenus nouveaux dans des concepts déjà existants. Cela ne sous-entend pas seulement que la doctrine est incapable de faire ce travail toute seule, i.e. sans caution philosophique, cela signifie plutôt que le rôle de «chien de garde» attribué à la philosophie du droit se limiterait, rappelons-le, à assurer cette rectitude «scientifique».

Imaginons à présent, dans une salle «Empire» de valse viennoise – style «*An der schönen blauen Donau*», le philosophe du droit sur le podium, dans le rôle suprême du chef d’orchestre, tenant la baguette «doctrinale» entre ses mains et marquant le *tempo* sur lequel les concepts, les «justifications», les «systèmes», etc., évoluent docilement.

Étoffons la scène, ajoutons-y les débutantes de l'année – style «développement durable», «commerce équitable», etc. – qui, les joues rouges d'émotion, dansent à présent avec les officiers de carrière – style «responsabilité», «propriété», «ordre public», etc.

Dans ce rêve éveillé, tout faux-pas de «valse» (lire doctrine), se remarque aisément et peut, grâce à la mansuétude de la philosophie du droit, être corrigé. Il est facile d'admettre qu'un tel rôle de cerbère attire et comment, à la limite, tout auteur de doctrine veut, lui aussi, être un peu philosophe de droit. Tout comme avant lui M. Jourdain, voulant écrire de la «prose», découvrait qu'il n'avait guère fait autre chose de toute sa vie.

Or, que se cache-t-il dans cette «valse des concepts», baptisée philosophie du droit et dans ce rôle de gardien qu'elle s'attribue et qui la justifie, sinon le sentiment d'infériorité qui gruge l'âme des juristes face aux scientifiques? C'est le symptôme du désir obsédant des juristes de faire eux aussi de la «science». Il nous semble ici qu'en s'attribuant la «noble tâche» de satisfaire ce désir de scientificité, la philosophie du droit ne fait que réduire, illogiquement, la question de l'écriture de la doctrine juridique à des logiques exogènes, quand ce n'est pas à des simplifications justificatives.

Ross, pour ne nous en tenir qu'à lui, ne se rend jamais compte que la reprise des préceptes axiomatiques ou nomothétiques qu'il préconise ne donne jamais de «science» en droit. Inéluctablement, le résultat sera plutôt un surinvestissement dogmatique (ou doctrinal) et un aveuglement chronique, quant au sens à donner à la question du droit, dans une société démocratique.

Soutenons plutôt, à l'inverse, que la philosophie du droit n'a pas à fournir de réponses aux questions de «droit valide», de «science», de «technique», de «concept» qui obsèdent tant la doctrine juridique; qu'elle n'a simplement pas de réponse magique à offrir et qu'il incombe plutôt aux «doctrinaux» de devenir adultes, c'est-à-dire de résoudre leurs propres problèmes et peut-être même de réaliser que ceux-ci ne sont que le fruit de leur ignorance, ou la conséquence fâcheuse de leur égarement dans les limbes d'un surinvestissement doctrinal ou «scientifique».

Après tout, sortir d'un sommeil dogmatique n'est peut-être pas le pire des destins, si cela permet de comprendre que la doctrine juridique ne peut tout simplement plus prétendre «dire le droit». Pour peu que nous ayons raison, ne faudrait-il pas ajouter que la philosophie du droit n'a pas à se consacrer à la légitimation d'une imposture «scientifique», mais plutôt à sa critique, à son dénuement et au développement d'une alternative et ce, de manière à ne jamais cesser d'envisager la question du droit comme étant indissociable, intellectuellement, de la pratique et du positionnement des individus à l'intérieur d'une conception de la modernité juridique?

«Tu te libéreras de l'obsession étatique»

La philosophie du droit demeure encore incapable de penser la question du droit sans faire intervenir, de façon directe ou non, le concept d'État. Omniprésente, cette inaptitude à penser le «droit» sans l'État, sans la «béquille» de l'idéologie étatiste, ralentit et empêche le développement de la philosophie du droit, de même qu'une prise en compte de la complexité grandissante de la question du droit, à l'intérieur de la modernité juridique. Notre deuxième assertion, prônant que la philosophie du droit doit, impérativement, se défaire de toute obsession étatiste, s'explique sur ce fond.

Insistons, au préalable, sur le fait que «l'étatisation» de l'esprit juridique relève de causes multiples et complexes. Nous ne pourrons donc pas, dans ces quelques pages, faire plus que nous restreindre à quelques momenta de cette «étatisation» idéologique. Rappelons ainsi, brièvement et sur le seul plan historique, la mainmise sur le mot «droit» effectuée par le Saint-Empire romain germanique au Moyen-âge et l'incorporation de ce mot dans une nomenclature «publiciste». Rappelons également que nous ne pouvons, aujourd'hui, saisir correctement le sens de l'absolutisme juridique et politique du 16e au 19e siècle, si nous ne comprenons pas à quel point l'étatisation du mot «droit» était l'un des éléments clefs de cette idéologie. Retenons, ensuite, que l'étatisation du mot «droit» caractérise la naissance et le déploiement des États Nations du 16e siècle jusqu'à nos jours.

C'est d'ailleurs cela qui a donné naissance à la problématique visant à toujours accompagner le fait de présenter toute «programmation politique» de l'État, comme étant simultanément et sans distinction à la fois «Loi» et «Droit» (étatique).

Limitons-nous à l'histoire de la philosophie du droit. N'est-il pas significatif en ce sens que des philosophes du droit tels que Hobbes, Grotius, Locke, Pufendorf, Wolff, Kant et Hegel, etc., se montrent incapables d'accepter l'autonomie de la question du droit? Qu'ils s'efforcent même tous d'abolir cette autonomie au profit de l'État?

Quoique ces illustres penseurs abordent la question du droit par des chemins intellectuels bien divers, mobilisant au passage différentes formes (ou systèmes) de philosophies et d'anthropologies, c'est dans tous les cas pour remettre, au sens propre, comme au figuré, la question du droit entre les mains de l'État. Celle-ci, devenue par voie de conséquence une annexe de l'État, est même supposée être, en un sens métaphysique, le levier «de droit» des actions et de l'existence de ce dernier. Bref il n'existe plus, à proprement parler, de question de «droit», mais un essentialisme non avoué de l'État, qui s'accompagne de la croyance d'un «droit étatiste».

Éclairons davantage ces affirmations en nous adressant, de façon privilégiée, à l'illustre théoricien (et philosophe) du droit autrichien Hans Kelsen. Car, au-delà de l'estime et de l'admiration que nous exprimons volontiers pour son œuvre, il est indéniable qu'il incarne à nos yeux, de manière emblématique, l'idéologie d'un tel «droit étatiste». Ouvrons le bal en reconnaissant, l'œil rivé sur notre objectif, que si le concept de droit se trouve associé d'une façon ou d'une autre au concept (et à la réalité) du «Pouvoir», c'est qu'il s'agit ici de l'héritage que nous a laissé l'époque d'absolutisme juridique et politique mentionnée plus haut.

Aussi, il devient l'instrument d'une politique volontariste et un moyen de classement (des problèmes, mais aussi des groupes) et de cantonnement».

La préoccupation immédiate d'un juriste doit elle être de domestiquer ce Pouvoir, de s'assurer qu'il s'effectue et se déploie à l'intérieur de la raison et, mieux encore, du droit?

En d'autres mots, le juriste devra chercher à introduire une thèse plaidant la nécessité du monopole du pouvoir (et donc de la violence), il s'efforcera de conjuguer cette thèse sous le signe d'une symbiose hypothétique entre une vision de l'État et une vision du droit.

Ainsi, cette nouvelle symbiose prétend caractériser l'État comme une réalisation conceptuelle particulière du droit, conception qui s'avère n'être rien d'autre qu'une moralité substantialiste sous le mode du respect des «obligations» tenues pour «fondamentales», voire même, «fondationalistes». C'est justement ici que Kelsen a un trait de génie lorsque, pour abolir toute différence entre une telle vision de «l'Idéo-droit» et la réalité de l'État, il les fait tout simplement fusionner. Le résultat peut aisément se lire dans le succès que connaît la «Théorie pure du droit» de Kelsen au 20e siècle (et bien sûr: au-delà).

Exemplifions cette étatisation du «droit» (ou du placebo qui en tient lieu dans le kelsenianisme) en étudiant maintenant de plus près la si séduisante suggestion voulant que «L'État soit un ordre juridique». Contemplons l'image (peut-on ajouter métaphysique?) que Kelsen nous présente:

«Une théorie de l'État débarrassée de tout élément idéologique, métaphysique ou mystique ne peut comprendre la nature de cette institution sociale qu'en la considérant comme un ordre réglant la conduite des hommes. L'analyse révèle que cet ordre organise la contrainte sociale et qu'il doit être identique à l'ordre juridique, car il est caractérisé par les mêmes actes de contrainte. Or, une même communauté sociale ne peut être constituée par deux ordres différents. L'État est donc un ordre juridique, mais tout ordre juridique n'est pas un État. Il ne le devient qu'au moment où il établit certains organes spécialisés pour la création et l'application des normes qui le constituent. Il faut, par conséquent, qu'il ait atteint un certain degré de centralisation».

De ce dernier point, de cette «centralisation» étatique ou bureaucratique, il découle, logiquement, que la fusion du concept de «droit» avec la réalité de l'État ne peut être complète et parfaite, qu'à un stade historique ultime où l'État moderne se confirme, empiriquement, dans une administration centralisée et fonctionnarisée. Cette position correspond d'ailleurs au développement de l'État dans les pays occidentaux à partir du

19e siècle, en particulier l'Autriche et l'Allemagne – toujours présentes à l'esprit de Kelsen – qui s'enorgueillissent du «professionnalisme» de leurs systèmes étatiques respectifs. Que ce développement de l'État ait été professionnellement et empiriquement «entre les mains» de juristes ne peut, dans une perspective kelsenienne, que témoigner en faveur de sa thèse. Or, une telle constatation prémunit aussi Kelsen, et c'est peut-être le but visé, contre toute critique historique qui aurait, pour sûr, beaucoup à dire sur la formation de cet État et, surtout, sur la question de «droit» qui l'a effectivement accompagnée.

Relativement à ce dernier aspect, le «droit» autrichien et allemand aurait, en effet, autant de chance de se figurer dans des histoires d'horreur, d'oppression et de discrimination, que dans des histoires édifiantes ou illustrant la bienséance étatique.

C'est ici qu'intervient le raisonnement, typiquement kelsenien, voulant que si l'État est conceptuellement «droit» il s'ensuive que cela réalise, par magie, l'État de droit et que le concept même de «droit» appartient à cet État. Ainsi, c'est toujours un Idéo-droit qui s'affirme, qui monopolise, improprement, la question du droit à l'intérieur d'un cadre étatiste.

Il y aurait, certes, beaucoup à dire encore sur l'Idéo-droit étatiste, sur ses variantes et ses avatars, mais rappelons qu'aussi séduisante et réconfortante que paraisse cette conception, il y a des raisons supérieures d'en rejeter le soutien.

Une philosophie du droit marchant (ou clopinant) grâce aux béquilles de l'État, n'arrive guère à se hisser au-dessus d'une stratégie inadéquate dite «du troisième concept imposé». Nous faisons référence ici à une pseudo logique consistant à dissoudre tout questionnement sur le «droit» ou le «juridique» – i.e. les concepts de base – dans le concept de l'idéodroit étatique, pour finalement projeter le «tout» dans, ou vers, un troisième concept magique qui peut, selon les variantes, s'appeler «norme», «normativité», «règle», «règle de droit», «principe», «souveraineté», «contrat social», «justice», «efficacité» et *tutti quanti*. De tels concepts sont supposés représenter la «solution».

Une telle stratégie résorbe, ou fige, toute question de droit à l'intérieur d'une dogmatique (elle aussi désignée à tort comme «droit») et fait que la question de droit se trouve disqualifiée au profit du «concept» à la mode ou prédominant dans la dogmatique. Nous pensons que cette conception de l'idéodroit a pour effet néfaste de livrer improprement l'individu en chair, os et âme, à l'État.

Alors, sans plus de béquilles et libéré de l'obsession de l'État, nous pouvons aborder la question du droit dans son autonomie. Dès lors, il convient de reprendre la distinction entre la loi en tant que source du droit et le droit lui-même (indépendant, différent et autonome).

C'est par cette autonomie que nous allons, à présent, en tant que juriste, reconnaître l'apport nécessaire de toute législation issue de processus démocratiques, comme une «source du droit». Ceci nous permet également de penser la possibilité du droit au sein d'une société moderne dans toute son ambiguïté, son incomplétude, sinon dans toute sa relativité. En faisant éclater la «bulle étatique» où était emprisonnée la question du droit, c'est la tension entre «pratique» et «théorie» que l'on rétablit et qui retourne au centre des préoccupations de la philosophie du droit et celle-ci ne peut que s'enrichir et se démocratiser à la suite d'une telle libération.

«Tu prendras au sérieux l'autonomie des individus»

Bien loin d'être fortuit, ce choix en faveur de l'autonomie du droit est à nos yeux constitutif et essentiel à la compréhension de la modernité juridique. C'est en ayant cela à l'esprit que nous reprendrons la défense de cette autonomie à un autre niveau, à savoir celui des individus. Notre troisième thèse soutenait, rappelons-le, que la philosophie du droit se doit de respecter entièrement l'autonomie des individus (sujets de droit) en ce qui a trait à toute question de droit. Malheureusement, c'est loin d'être le cas dans la philosophie du droit contemporaine où une telle autonomie a été illégitimement évacuée, ou plutôt noyée au sein d'un ensemble de «réifications» supposées représenter, positivement, objectivement ou de droit naturel, «le droit». Mais, pour nous, bien au contraire, après avoir crevé la bulle étatique, il s'agit maintenant de redonner le droit à ses propriétaires, c'est-à-dire aux individus.

Pour appuyer notre jugement tournons-nous, primo, vers cette constatation que la philosophie contemporaine du droit se construit généralement sur la séparation illégitime et radicale de l'individu, d'une part, et du sujet de droit, d'autre part.

Autrement dit, on y valorise le concept de «sujet de droit», comme faisant partie d'un univers parallèle, le monde «juridique», entendu comme absolument distant – et distinct – de celui des êtres de chair et d'os.

Il s'agit là d'un dogme particulariste, qui se distancie radicalement de tout ce qui concerne l'individu et le monde social, au profit d'un monde à part dit, répétons-le, «juridique», habité par des concepts. Dans ce monde à part, c'est donc un concept «sujet de droit» (et supposé «juridique»), qui remplace l'individu. Tout ce qui concerne l'individu concret, en chair et en os, devient, par conséquent, étranger ou non pertinent pour la philosophie du droit (également pour l'écriture de la dogmatique/doctrine). L'individu devient quelque chose dont on ne parle pas et surtout, qui n'a aucune importance véritable pour et dans la philosophie du droit.

Il s'ensuit, et c'est bien dommage, qu'un concept de «sujet de droit» métaphysique, normatif ou «dogmatique», remplace la perspective qu'auraient pu apporter les individus en chair et en os. Ceci a pour conséquence une réification du «sujet de droit», qui n'est là que pour permettre à la philosophie du droit d'entrer triomphalement dans ce monde parallèle, en héros des concepts.

Hans Kelsen, pour revenir à lui, peut être considéré comme le représentant toujours actuel d'une telle conception de l'individu scindé «en deux»: l'homme ou la femme déclarés sans importance d'un côté et le «sujet de droit» conceptuel, accaparant toute attention, de l'autre. Selon Kelsen, tant qu'il appartient à un monde distinct du monde factuel, le sujet de droit n'est pas, heureusement, souillé par une quelconque empiricité ou matérialité toujours susceptible, comme chacun le sait, de gâcher la fête philosophique.

Va alors se dissocier un «monde» qui, n'étant plus peuplé d'individus, va projeter l'image rassurante (nous pourrions même parler de «mirage») que l'essentiel réside dans un système, fonctionnant grâce à la combinaison de tous ces concepts. Et c'est justement cette combinaison qui, à l'image d'un ciment, maintient ce monde.

C'est en ce sens que va l'ouvrage séminal de Kelsen, Théorie pure du droit. Introduction à la science du droit, où l'auteur nous présente le programme dogmatique des «deux mondes» en droit comme suit:

«La distinction entre l'être humain, tel qu'il est défini par les sciences de la nature, et la personne, concept juridique, ne signifie pas que la personne soit un mode particulier de l'être humain, mais au contraire que ces deux notions définissent des objets totalement différents. La notion juridique de personne ou de sujet de droit exprime seulement l'unité d'une pluralité de normes déterminant ces obligations, donc l'unité d'une pluralité de normes déterminant ses obligations, responsabilités et droits subjectifs».

Kelsen en tire la conclusion suivante: «Nous sommes ainsi amenés à voir dans la notion de sujet de droit ou de personne une construction artificielle, un concept anthropomorphique crée par la science juridique en vue de présenter le droit de façon suggestive. En fait la «personne» ne désigne qu'un faisceau d'obligations, de responsabilités et de droits subjectifs, donc un ensemble de normes. En personnifiant un tel faisceau, on dédouble l'objet de la connaissance juridique et l'on est facilement conduit à des conclusions erronées».

Il découle de cette «métamorphose philosophique», qu'il n'y a plus aucune possibilité de situer ou de prendre en compte l'autonomie de l'individu.

Aussi, la construction de ces deux mondes en parallèle va avoir plusieurs effets.

Dans un premier temps, elle devra rendre compte de toute question de droit, étrangère à l'individu. Dans un second temps, elle se devra de ne pas accorder d'autre statut au «sujet de droit», si ce n'est en s'appuyant sur des prémisses issues du système dogmatique, mis en avant comme étant supposément le «droit».

Ajoutons, en aparté, que si nous pouvons trouver la source du modèle philosophique kelsenienne chez Emmanuel Kant (il a donc été théoriquement exporté vers le kantianisme «juridique»), c'est pour constater à quel point cette pensée, si particulière des «deux mondes», a pu s'infiltrer dans notre façon de penser le droit aujourd'hui, au point même d'apparaître «évidente» (ou «positive»). L'exploration critique de ce modèle (et de ses ramifications) doit cependant être traitée à une autre occasion.

Or, ce détournement du droit ne se réduit guère à la seule appropriation dogmatique puisqu'il touche également – et de plus en plus – le rôle du Juge. Il s'agit d'effacer le rôle du juge, en tant que tiers invité (qui confirme toujours l'autonomie des individus), au profit de l'Autorité qui en fait le dépositaire d'un idéodroit, oscillant entre la réification positiviste et le désir jusnaturaliste. L'Amérique du Nord et sa philosophie du droit illustrent cette situation jusqu'à l'éclatement, ou la privatisation, des «autorités» traditionnelles, remplacées ici par celle du juge souverain. C'est «le nouvel évêque» jugeant du bien et du mal. Ainsi, que nous parlions à présent de Ronald Dworkin et des dworkiniens ne surprendra personne.

La popularité de l'œuvre de Dworkin s'explique par le fait qu'elle prétend remédier à l'insécurité initiale qui accompagne, telle une ombre, toute question de droit, en remettant celle-ci entre les mains d'une autorité supérieure (notre demi-dieu juge) apte à satisfaire le désir, combien humaine, de «sécurité juridique».

Pourquoi? Tout bonnement parce qu'on y présente le «droit» (ou l'idéodroit) comme existant, tout prêt et objectivement disponible, sur le plan des principes.

Dans le prolongement d'une conception «objectiviste» du droit naturel, Dworkin peut ainsi affirmer, avec le talent littéraire qu'on lui connaît, que le «droit» se justifie à partir de principes qui sont là, comme une tradition judiciaire et comme preuves de la justesse même du système. Le tout peut d'ailleurs être défendu sur le plan du «droit positif» (surtout en tant que culture juridique nord-américaine ayant fait ses preuves) et comme référence à une «communauté de principes» toujours, de façon rassurante, partagée par tous.

En fin de compte, un tel juge herculéen «à l'intelligence et à la patience surhumaine qui accepterait la thèse [dworkinienne] de l'unité en droit», se verrait du même coup, promu à la dignité de directeur de conscience publique ou chef de cette «communauté de principes».

Ayant des conceptions opposées à celles de Dworkin, il nous apparaît nécessaire de rappeler que si le «Juge» peut, en effet, être en corrélation avec des questions de droit, il demeure que c'est uniquement par sa relation avec les propriétaires du droit que son rôle peut avoir du sens.

En effet, le rôle d'un tiers invité ne se révèle que sur le plan procédural et par l'investissement procédural des individus en vue d'un droit à établir. Ce sont donc les individus qui, en principe, font le choix d'adresser leurs questions à ce tiers invité, entendu comme un prolongement de leur autonomie et de leur liberté. Or, dans le respect de cette autonomie, le juge ne sera jamais libre, mais au contraire soumis, de manière procédurale, à l'individu et à ses questions de droit.

C'est à lui que revient la tâche ardue d'écouter les arguments des parties au procès, de les peser, et ce, en toute impartialité.

Aux yeux des parties, si le résultat est satisfaisant, ce sera pour eux l'image même du «droit». Si elles considèrent, en revanche, la décision rendue comme étant injuste, les parties auront tout intérêt à se tourner vers d'autres recours.

Donc, du point de vue des propriétaires du droit, aucun «demi-dieu» n'a sa raison d'être, de même que les «voleurs du droit» doivent se heurter à des portes fermées.

En remettant, démocratiquement, la question du droit et de ses institutions (incluant l'institution judiciaire) entre les mains de ceux qui doivent en être à la fois les auteurs et les destinataires, c'est inévitablement la question de l'autonomie des sujets de droit que nous rencontrons. Le droit n'existe qu'au bénéfice des individus et nullement au bénéfice du juge, de l'État, de la nation, du système, ou de quelque monstre abstrait.

Le droit n'appartient, en définitive, qu'à ses «propriétaires». C'est par ce biais que ces derniers s'assurent et conservent le rôle de «dire le droit». En d'autres termes, il s'agit de se réserver la possibilité de s'affirmer en tant qu'auteur et destinataire du droit. Pour la philosophie du droit, ceci est l'occasion de constater, dans les faits, que le droit dans la société moderne est avant tout une possibilité et que cette possibilité est souvent, trop souvent, trahie au détriment des individus.

Retenons, contre «les voleurs du droit», l'idée qu'une philosophie du droit qui ne reconnaît pas entièrement et sans réserve l'autonomie et la liberté des propriétaires du droit ne vaut rien. Contre vents et marées, soulignons de plus que, dans notre modernité juridique, la possibilité du droit se fait (ou se trahit) selon l'autonomie et la liberté des individus. Bien entendu, ceci se fait à nos risques et périls, puisque les puissances d'aliénation qui aiment nos dos courbés sont, hélas, souvent bien plus fortes que nos investissements dans une modernité juridique où il fait bon vivre.

«Tu te libéreras de tout fondationalisme»

Personne, à présent, ne sera surpris par le rappel de notre quatrième assertion: la philosophie du droit doit impérativement se libérer de tout fondationalisme. C'est-à-dire qu'elle doit se défaire de l'illusion, si répandue dans le monde juridique, qu'il existe quelque part un «fondement» disponible, ou encore la possibilité pour le droit de se forger une telle «fondation».

Ne pouvant guère escompter que tous nos lecteurs soient familiers avec le sens du mot fondationalisme et par conséquent à même d'identifier un discours marqué par une telle pensée, il nous faut, d'abord, expliquer brièvement ce que nous entendons par une telle notion.

Est fondationaliste tout raisonnement, à l'égard du droit, qui mobilise, d'une façon ou d'une autre, une référence quelconque, implicite ou explicite, à une «fondation», un «fondement», une «justification», un «*a priori*», un «principe», une «règle de droit», etc., supposé lui donner du sens, le justifier.

Il y a, par conséquent, deux moments dans tout discours fondationaliste:

Le premier est le fait de mobiliser, consciemment ou non, une volonté de «fonder» le discours en se référant à la conscience, la raison, le raisonnable, *l'a priori*, *l'a posteriori* et ainsi de suite. Le second est le fait de prêter une «objectivité» (i.e. un fond, un haut ou un bas, un «sol», une base, une raison, une «positivité», etc.) ou un caractère «concret», aux concepts qui vont nous préoccuper par la suite, comme Éthique, Science, Justice, Biens, etc., ce qui permet, supposément, au discours de se «fonder», se valoriser, se justifier, etc.

Notons que dans le discours fondationaliste, ces deux moments se trouvent souvent confondus dans un style philosophique monolithique, et ce, entre autres raisons, par manque d'autocompréhension chez l'auteur.

Ajoutons que le procédé rhétorique le plus souvent utilisé de nos jours par un fondationaliste est de postuler qu'il peut, à lui seul, faire «une fondation en raison» du droit et que cette fondation vaudra quelque chose.

Cependant, le fait qu'il n'existe pas de «matière» pouvant être utilisée pour «fonder en raison» et que, jusqu'à aujourd'hui, personne n'a pu voir «le droit» ni en disposer comme d'une «chose», est bien la preuve de l'impossibilité de la tâche. Prétendre le contraire, bien sûr, fait partie de la «spin» sécurisante, mais passons!

Si nous entrons de plain-pied dans l'univers «fondationaliste – juridique», force est de constater la diversité de ses discours, leur prolifération et la lutte sans merci qui se joue entre eux.

Dans notre objectif, restreignons-nous au discours fondationaliste «concrétiste» (dans le sens examiné plus haut) dont les exemples les plus populaires traitent de la fondation du «droit» (ou du «double-aveugle» qui en tient lieu) sur l'Éthique ou la Science, ensuite sur la Justice ou le Bien.

Nous pouvons dire que les discours en faveur d'une fondation sur l'Éthique ou la Science représentent, aujourd'hui, à la fois notre «passé composé» et notre «passé présent». Il s'agit des deux discours de fondation les plus populaires au 20e siècle et peut-être encore maintenant.

En ce qui concerne, d'abord, les discours de fondation sur l'Éthique, rappellent comment ce concept, compris en tant que ««des valeurs» supposées partagées par tous», a été instrumentalisé comme fondement inébranlable du droit.

L'idée (dite de «raison») que mettent en avant les fondationalistes, c'est que le droit s'exprime en tant que valeur parmi d'autres valeurs fondamentales et humaines. Introduire un discours fondationaliste associant l'Éthique et le Droit est donc perçu, par ses zélateurs, comme l'accès «rationnel», intuitif, etc. (médiatisé par la conscience ou par la morale individuelle) au sens même du «Droit».

L'image est en effet séduisante, car elle suggère que le «droit» fondé sur une Éthique devient lui-même également «éthique». Grâce à une telle référence fondationaliste, le «droit» se trouve à bénéficier, comme par magie, de la gloire du concept «d'Éthique»! Ainsi tout le «droit» (ou l'idéodroit de circonstance) peut alors être construit, justifié et expliqué, à partir de ce concept. Pour les amis fondationalistes de l'Éthique, le monde et le «droit» inclus n'ont tout simplement pas la permission idéologique d'être autre chose...

Intéressons-nous maintenant au discours fondationaliste qui s'appuie sur le concept de «Science». Nous retrouvons, là encore, l'idéodroit qui cherche à entrer en scène.

Le fait qu'aucune conception se rapportant au «droit» n'ait pas réussi, jusqu'à ce jour, à respecter les critères de scientificité, qui résident dans une approche nomotique ou axiomatique des sciences, n'a en soi aucune importance pour l'idéologie fondationaliste.

Le fondationalisme permet de faire semblant et d'utiliser, de manière illégitime, le mot (et le prestige) du concept de «science», sans se soucier outre mesure de sa signification et de ses implications.

En réalité, il s'agit de se persuader soi-même et de persuader les autres, qu'on fait de la science en utilisant des mots, des phrases, des styles, des raisonnements calqués sur le discours scientifique, laissant entendre qu'il existe une soi-disant «fondation» scientifique qui les justifie et les autorise. En d'autres termes, en faisant semblant que le concept de «droit» (ou le placebo utilisé pour la circonstance) a fusionné avec celui de «science», on obtient l'effet qu'il y a, désormais, «a new boy in town».

C'est alors un nouveau concept – le prétendu «droit scientifique» – qui brille de tous ses feux de pacotille sur la piste. Mais, en fait, il s'agit là d'un nouveau concept qui n'a guère de sens rationnel, une fois qu'on a gratté le vernis fondationaliste.

Cette pensée ne puise pas qu'aux concepts d'Éthique ou de Science. Un regard sur la philosophie du droit nord-américaine, en particulier, montre aujourd'hui une scission entre les partisans d'une «fondation» sur la «Justice» et les partisans d'une fondation sur le «Bien».

Parmi les voix de «l'axe de justice», la doctrine de Rawls et son raffinement par ses disciples dans le domaine de la philosophie du droit est emblématique. Dans cette conception, la fondation du droit est présumée nécessaire pour assurer que ledit droit soit «juste». Il faut, selon cette conception, forger au préalable, nomologiquement, une conception de la «justice» qui soit susceptible de résumer, d'une façon «raisonnable», les intuitions normatives les plus intimes de tous les citoyens. Bref, il faut une fondation sur deux principes de justice que Rawls formule comme suit:

«1) Chaque personne a un droit égal à un schème pleinement adéquat de libertés de base égales pour tous, qui soit compatible avec un même schème de libertés pour tous; et dans ce schème, la juste valeur des libertés politiques égales, et de celles-là seulement, doit être garantie.

2) Les inégalités sociales et économiques doivent satisfaire à deux conditions: elles doivent être liées à des fonctions et à des positions ouvertes à tous, dans des conditions d'égalité équitable des chances, et elles doivent procurer le plus grand bénéfice aux membres les plus désavantagés de la société.»

Le fondationalisme rawlsien suppose que si, par intuition morale, vous jugez l'idée de «justice» comme étant correcte et morale (ainsi Rawls boucle-t-il son système de telle manière que tout autre jugement devient anormal), vous obtenez en même temps, un fondement pour le droit, les institutions, la politique et tutti quanti.

Qui n'a pas envie d'y croire? De refaire, à genoux, le pari pascalien au bénéfice maintenant d'un «droit» qui soit enfin fondé, et de plus sur le concept de «justice»!

C'est le même son de cloche que nous retrouvons chez les partisans d'une fondation du droit sur le «Bien». La mélodie reste la même, seules les paroles changent, puisque c'est maintenant l'introduction du concept de «bien» qui capte l'attention! Mais qu'est-ce que le «bien»? Comment le trouver? Et où? Bien sûr, tout comme pour l'idée de «justice», nous n'avons accès qu'au ciel des concepts. Toute autre porte nous est, hélas, irrémédiablement fermée.

Quoi qu'il en soit, c'est le philosophe anglais du droit, John Finnis, qui fait autorité quant à une fondation en raison, sur le concept de «bien».

En effet, Finnis lance l'idée qu'il existe sept formes fondamentales de «bien humain». Il les énumère comme suit: la vie, la connaissance, le jeu [ludique], l'expérience esthétique, la sociabilité (amitié), la raisonnabilité pratique et la religion.

Ce dernier bien, la religion, Finnis le pense dans un sens très large. En effet, il ne fait pas seulement référence à une «religion» organisée, mais à une propension à organiser sa vie et sa pensée sur l'axe d'un moyen, vers une fin. Ainsi, dans notre «finitude», la «religion» devient-elle un bien comme antithèse du non-sens, de la vacuité ou du chaos. La «religion», en ce sens, est, chez Finnis, un concept topique – et nullement analytique – de même que les autres «biens». Quoi qu'il en soit, une fois ces «biens» philosophiquement définis, le fondationalisme prend toute question de «droit» en charge comme autant de paliers, d'étages d'un échafaudage, qui se justifie toujours par une telle fondation.

Dans une logique fondationaliste de «bien», le «droit» n'est ici que fondé sur ces «biens». Par conséquent, il n'est pas autre chose que l'expression logique ou discursive de ce qui est exprimé sur le «fond» des «biens».

Notons, en passant, que la distinction ancienne entre une philosophie positiviste et une philosophie «jusnaturaliste» (ou de «droit naturel») ne sert plus ici à rien, car l'une peut être tout autant fondationaliste que l'autre.

Il ne faudrait pas croire pour autant que le fondationalisme moderne se satisfait des concepts mentionnés! Le contraire est si vrai qu'il est tentant, pour tout fondationaliste, d'ajouter à son discours autant de concepts que l'inspiration (ou la fantaisie) le lui permet. Il est fascinant de voir comment un auteur tel que Ronald Dworkin, partant d'un fondationalisme de type «justice», peut avec joie (et beaucoup de verve poétique), mobiliser d'autres concepts tels que «dignité», «intégrité», «comptabilité» (accountability), «égalité», etc.

Rien n'empêche un philosophe du droit, comme le Canadien sud-africain David Dyzenhaus, de reprendre, d'ailleurs magistralement, tous les concepts de Dworkin pour les infléchir dans le sens d'un fondationalisme du «bien» et de l'éthique, en même temps qu'il mobilise d'autres concepts tels que «communauté illimitée», «structure profonde», «cohérence morale», «morale judiciaire», etc.

Mentionnons, entre autres, le Canadien Wil Kymlicka qui, en œuvrant pour une nouvelle synthèse entre «justice» et «bien» (ou encore entre libéralisme et communautarisme/républicanisme), utilise les concepts de «reconnaissance», «identité», «authenticité», «égalité libérale», «biens premiers» et ainsi de suite.

Ici, toute prétention à l'exhaustivité est bien sûr exclue par la force des choses, puisque ce qu'il faut retenir, c'est qu'il n'y a pas de limites. Tout se vaut! Tout ce qui brille est or! Finalement, ce qui compte, c'est le talent littéraire!

Mais que penser de tout cela?

Avouons-le, l'effet «sécurisant» du fondationalisme nous semble se rapporter à l'atavisme le plus humain, à savoir la peur du «vide». Il ne s'agit peut-être, en effet, que de sa projection dans le domaine intellectuel en tant qu'attirance irrésistible pour tout «fondement». En d'autres mots, comme la crainte intellectuelle de manquer de «fondement», de «fondation» et le désir tellement humain de se forger, entre «ciel et terre», un placebo philosophique.

Mais ce qui peut être justifié pour les singes qui se balancent dans les hauteurs béantes des arbres n'est peut-être pas si intelligent (moins encore «réaliste») pour ce qui concerne le droit humain. Ne faut-il pas plutôt, en tant qu'adulte, nous émanciper de toute logique simiesque et assumer le fait que le droit ne possède aucun fondement, qu'il est futile de prétendre en construire un et que tout cela n'a guère de sens aujourd'hui?

Affirmons que si l'activité «juridique», le droit, n'a aucune fondation, il ne nous reste que ce que nous appellerons le «sélectionisme», à savoir l'acceptation du fait qu'il n'existe que des individus, des individus qui agissent, qui pleurent, qui marchent dans les rues, qui mangent, qui s'aiment, qui se haïssent.

Bref, que le droit est soumis à nos forces et nos faiblesses tellement, ou trop, humaines!

Cessons de nous bercer d'illusions fondationalistes, aussi séduisantes et «philosophiques» soient-elles, et œuvrons plutôt pour que l'activité juridique rejoigne le souci des hommes et des femmes, à l'intérieur d'une conception moderniste du droit.

Cela signifie donc que les individus doivent prendre part à deux processus comparables: un processus démocratique qui consiste à sélectionner, en toute autonomie et en toute réciprocité, ce que nous acceptons d'honorer comme des droits, des «normes» et des institutions, ainsi qu'un processus judiciaire (autrement dit de droit) où nous sélectionnons, notamment par nos arguments, ce que nous acceptons d'honorer comme des positionnements en «droit».

Tout ceci, sachant que nous le ferons toujours à nos risques et périls, et toujours sous la menace réelle des forces de l'hétéronomie qui n'apprécie jamais le fait que l'on puisse se tenir debout et marcher librement.

Retenons, en somme, que prétendre se fonder sur un concept ou l'autre, ou effectuer une fine sélection de concepts à la mode (ou dits «sympathiques») revient au même, puisque c'est, dans le meilleur des cas, une lutte stérile de concepts qui en résultera! Toutes les conceptions fondationalistes, sans exception, ne sont que leurre pour l'esprit. Bien que la philosophie du droit ait longtemps succombé à cet atavisme intellectuel, force est de constater, aujourd'hui, que l'on ne peut qu'en être aveuglé.

Quatre enterrements pour une libération

À vol d'oiseau, nos quatre enterrements nous ont permis de constater que c'est:

1) une malfaisance que d'assigner le rôle de gardien de l'écriture de la doctrine juridique à la philosophie du droit;
2) un aveuglement que d'accepter un monopole étatiste quant à la compréhension du droit moderne;
3) une monstruosité que de vouloir penser le droit en l'absence de son propriétaire, à savoir l'individu; également un crime de complicité dans la réification injustifiée de cet individu;
4) une incongruité, une faute intellectuelle grave, que de se laisser obnubilé par un quelque discours fondationaliste concernant le droit.

Il faut s'émanciper de tout cela! Non seulement une philosophie moderne du droit n'a pas à accepter (encore moins à promouvoir) de tels obstacles et dogmatismes, mais elle doit, plutôt, travailler à les éliminer au bénéfice d'une conception moderniste du droit et de la société.

Au-delà de toutes les précisions, développements théoriques et philosophiques, qui pourraient être ajoutés, insistons sur le fait que c'est une image réconfortante et apaisante de la philosophie du droit qui vient d'éclater en mille morceaux.

Il serait, à notre sens, aberrant de croire que cette discipline puisse aujourd'hui pallier aux insuffisances dans le domaine du droit, ou qu'elle puisse nous permettre d'oublier que ce dernier se fait sur le plan des individus, avec toutes les ambiguïtés et les «tensions» que cela provoque. La philosophie du droit, qu'on le veuille ou non, est dans la mêlée; elle fait partie de notre capacité à formuler nos problèmes et nos insuffisances dans le domaine du droit, ni plus ni moins. En tant que telle, c'est un élément qui travaille avec les acteurs du droit sur la possibilité du droit et d'une culture juridique véritable.

C'est ici qu'un brin de réalisme est nécessaire, puisque c'est la question même de la modernité du droit qui nous a permis de faire cette critique et c'est la perspective de cette modernité qui doit toujours nous intéresser. C'est, en effet, en son sein que nous retrouvons la question de la philosophie du droit contemporaine, comme inéluctablement située dans un rapport réfléchi à une modernité juridique en perpétuel développement ou métamorphose.

S'il nous faut caractériser cette modernité, c'est d'abord l'image du labyrinthe qui nous vient à l'esprit, labyrinthe qui se fait et se défait sans cesse, dans une «complexification» toujours grandissante, où l'absence de portulan fait que seul notre engagement, notre confiance, notre volonté, notre «pensée» en faveur du droit peuvent nous soutenir et nous permettre d'agir en conséquence. D'où la nécessité, sur le plan de la philosophie du droit, d'une définition (ou d'une caractérisation philosophique) de cette modernité, affirmant par elle que les individus doivent être capables, en toute autonomie, de se reconnaître mutuellement, aussi bien comme les auteurs que les destinataires de leurs lois, de leurs normes, de leurs institutions et de leur droit.

La modernité juridique est avant tout une exigence qui se fait sous le haut risque de sombrer dans son contraire, l'hétéronomie, pour peu que viennent à faire défaut nos engagements, nos investissements en sa faveur. C'est d'ailleurs le rôle de la philosophie du droit d'accompagner et de faire sienne cette exigence sur le plan des individus, puisqu'ils sont les seuls capables de la soutenir.

Chapitre 5: Parlez «novdroit»! Ou comment le politiquement correct se légitime «juridiquement»

Nous vivons à une époque où le «novdroit» occupe le devant de la scène et se drape, en majesté, dans le manteau d'un parler «droit». Continuellement prise d'assaut et davantage en otage, notre contemporanéité se caractérise ainsi par un discours du pouvoir, de manipulation, de rectitude politique et d'éthique, utilisant le mot «droit» pour imposer son idéologie, ses intérêts particuliers et sa mainmise sur les autres. Le parler «novdroit» est devenu la novlangue de toute circonstance, de toute occasion pour s'imposer, pour être vu et entendu et surtout pour célébrer l'ère d'un nouvel obscurantisme.

Il n'y a qu'à ouvrir un journal ou un livre pour repérer le mot «droit» étalé sur presque toutes les pages et de toutes les façons.

Celui qui, par malheur, allume la télé, aura l'occasion d'observer, horrifié, une panoplie sans limites de politiciens, d'experts ou de professeurs de tout acabit, d'éthiciens ou de moralistes, de scientifiques ou de philosophes, de sportifs ou de vedettes de «Showbiz» et d'«Entertainment», etc., qui, avec joie, parlent «novdroit» avec aisance et délectation.

Comment peut-on expliquer un tel phénomène?

En réalité, c'est sans aucun doute le prestige historique et idéologique du mot «droit» qui attire et qui nous séduit. Les sociétés occidentales ne cessent de mêler le mot «droit» à un nombre toujours croissant d'activités humaines au point que l'inflation de ce mot coupe le souffle des plus hardis. C'est comme si toute activité factuelle devait nécessairement avoir son répondant idéologique dans un monde à part, un monde parallèle, déclaré comme n'étant rien d'autre que le «droit».

En fait, un partisan du «novdroit» mobilise invariablement l'image mentale, en prétendant que si le fait existe, alors le «droit» répondant existe également, et ceci par la vertu magique d'un monde parallèle de positivité idéologique qui, fort opportunément, double le monde où nous vivons. Cette croyance insiste spécifiquement sur l'idéologie qui veut que, si le fait de manger existe, le droit de manger existe alors également (pour un thaumaturge du «novdroit») par un effet de miroir. Pareillement, si le fait de «santé» existe, le droit à la santé existe aussi comme simple conséquence. Bien entendu, si la faim existe aussi, c'est un scandale au regard du «droit» qui devrait lui correspondre et c'en est d'ailleurs un autre qui doit arriver à l'oreille de tous, si la non-santé – pour ne rien dire de la maladie! – est un état trop répandu.

Comprenons bien: il s'agit toujours, pour les partisans du «novdroit», d'un manque quant à l'être ou quant à l'avoir, portant supposément atteinte à un «droit» qui existerait pour tous. Le partisan du «novdroit» peut, en conséquence, toujours affirmer qu'il n'exprime pas de souhait, d'idéal ou d'utopie; avec véhémence, il affirmera qu'il ne saute pas de l'Être au Devoir-être (i.e. le *il-ne-faut-pas humien* / la faute épistémologique de paralogisme naturaliste) ou, avec hauteur, il clamera qu'il n'énonce que le résultat ultime et final du positivisme scientifique, l'état du monde ou encore l'état d'un droit (ou l'État du droit) qui est supposé exister et s'exprimer par l'utilisation illimitée du suffixe «droit».

Dans ce chapitre, nous examinerons, hélas uniquement à grands traits, le phénomène du «novdroit» et de réfléchir au désarroi qu'il provoque. Il faut – telle est la thèse que nous défendrons ici – réfréner l'engouement contemporain pour le parler «novdroit», ou encore la novlangue dans le domaine du droit et peut-être, nous l'épaulons fortement, prendre au sérieux l'alternatif résidant dans l'horizon d'une modernité juridique continuellement en train de se faire et qui n'appartient, en fin de compte, concrètement qu'à l'homme et à la femme.

Nous commencerons donc d'abord par exposer en deux parties, le phénomène, ainsi que le sens de ce parler «novdroit», avant d'aborder ses manifestations dans le domaine de la dogmatique juridique, de la philosophie du droit et du multiculturalisme.

De la «Novlangue» au «Novdroit»

Dans un premier temps, il faut retenir que le parler «novdroit» n'est qu'une partie du phénomène du parler novlangue. Disons qu'il s'agit de la partie du parler novlangue qui cherche à se rendre autonome, à se distinguer et qui, dans une certaine mesure, a subséquemment réussi à obtenir une relative indépendance. Cela se confirme d'ailleurs par le fait qu'un locuteur contemporain du «novdroit» peut, avec dédain, refuser toute parenté, comme le parvenu refuse qu'on lui parle de son père ou encore de sa mère. Or, la parenté est là et, à la limite, rien de ce parler «novdroit» ne peut être décrypté avant que le phénomène de la novlangue ait lui-même été compris. C'est ce qui nous oblige, bien entendu, à nous intéresser à celui qui a découvert l'existence de la novlangue, à savoir George Orwell.

C'est dans un ouvrage fascinant intitulé «*1984*» que cet auteur nous fait part de sa découverte. Sous prétexte d'écrire un livre de fiction – derrière lequel se cache un véritable livre de philosophie politique – il nous livre une description réaliste de nos existences modernes qui laisse voir à quel point celles-ci se déroulent dans le langage et par le langage. Précurseur, il s'intéresse au fait que le langage donne du «pouvoir» et que le langage naturel représente le point faible où étatisme, idéologie et domination peuvent, avec aisance, s'infiltrer pour gouverner, manipuler et assurer le pouvoir au profit d'oligarchies laïques, théocratiques ou juridiques aux mains toujours avides.

Celui qui peut se rendre maître du langage sera le maître des hommes et des femmes. En tant que maître du langage, il peut aisément installer son règne dans l'esprit des individus pour briser, détourner et manipuler leur volonté, quand ce n'est pas pour casser leur capacité, voire leur désir, d'utiliser le langage naturel, l'«ancilangue».

Ainsi se profile un contrôle doux et invisible de la parole et du langage disponible pour les individus et une mainmise sur leurs vies et leurs interactions, mais surtout l'introduction d'une cage de fer embastillant leur conscience et endommageant leur autonomie.

L'histoire de *1984* nous importe peu en soi. Il ne s'agit, rappelons-le, que d'un prétexte, d'un alibi, pour dépeindre le rôle du novlangue dans notre société et nos vies contemporaines et il nous semble, en conséquence, qu'un rappel succinct de l'intrigue suffise.

Retenons, en somme, que le protagoniste du livre est un dénommé Winston Smith, fonctionnaire anonyme et subalterne du département de la Vérité. Smith vit dans une société non déterminée, dite Océanie, avec sa capitale Londres (mais cela aurait pu être Paris, Pékin, Lagos ou Islamabad). Le régime y est autoritaire puisque le Parti unique (i.e. la Pensée unique ou encore le «Langage» unique) surveille en permanence les actes et les faits de tout un chacun.

Trois slogans régissent cet univers: «La guerre c'est la paix», «La liberté c'est l'esclavage», «L'ignorance c'est la force»; quatre ministères l'organisent – Vérité, Paix, Amour, Abondance et la population est répartie, hiérarchiquement, en trois classes sociales: le Parti intérieur (les dirigeants), le Parti extérieur (les subalternes), les prolétaires (les ouvriers, les travailleurs et les laissés-pour-compte vivant comme des objets, sans voix, pour le Parti ou simplement pour la Pensée unique).

Winston Smith effectue un travail important, car il s'occupe de retoucher les journaux déjà parus, pour corriger les erreurs d'écriture relatives au Parti et à son chef invisible nommé Big Brother (i.e. grand Frère). S'il est avéré que le Parti ne se trompe jamais, il arrive que l'écriture ne rende pas adéquatement compte de ce fait. Une fois l'Histoire révisée et les erreurs effacées, corrigées et les phrases réécrites, archives et faits à l'appui, il ne subsiste plus qu'une certitude, celle que ces erreurs n'ont jamais existé. La «vérité» corroborée par les faits et les archives (minutieusement corrigés pour fournir la «mémoire» vivante et dûment matérialisée) est toujours par elle-même évidente.

Comme Winston Smith l'observe: «Jour par jour, presque minute par minute, le passé était mis à jour. On pouvait ainsi prouver, avec la documentation à l'appui, que les prédictions faites par le Parti s'étaient trouvées vérifiées. Aucune opinion, aucune information ne restait consignée, qui aurait pu se trouver en conflit avec les besoins du moment. L'histoire tout entière était un palimpseste gratté et réécrit aussi souvent que c'était nécessaire. Le changement effectué, il n'aurait été possible en aucun cas de prouver qu'il y avait eu falsification».

Bref, la «vérité» est comme une équation à deux inconnus qui se fait par la substitution d'un non-sens à un autre.

Le récit romanesque se déploie en quatre temps, qui narrent la lente marginalisation (mais aussi une conscientisation tournant finalement en rond et se trahissant) de Winston Smith.

Ainsi, on le voit devenir progressivement «criminel par la pensée», du fait qu'il tient un journal où il consigne ses pensées (ce qui est interdit), «rebelle aux politiques du Parti». Il y a également l'histoire d'une rencontre, celle avec une jeune femme: Julia, membre de la ligue anti-sexe (i.e. une féministe à la lettre), avec qui il fait finalement l'amour en cachette (ce qui est contraire à la ligne de conduite du Parti). On le découvre alors comme étant l'«objet de la Haine», entre les mains de la «Police de la Pensée», qui le torture pour ses crimes de langage (ce qui est une juste correction pour ses abominables crimes). Enfin viendra un «bénit par Amour» qui finit par comprendre tous ses «crimes» et qui attend, avec gratitude pour le Parti et pour Big Brother, qu'on l'amène vers son lieu de «vaporisation» (en novlangue et d'exécution en ancilangue – ce qui montre que la justice existe en ce bas monde, même si elle prend parfois son temps). Ainsi: «La lutte était terminée. Il avait reporté la victoire sur lui-même. Il aimait Big Brother». [Les citations de Georges Orwell vient de: *1984*, trad. Fr. Amélie Audiberti, Paris, Gallimard, 2006].

Bref, tout le roman est une description montrant la puissance de la novlangue. Orwell examine minutieusement comment la novlangue se révèle, grâce au Pouvoir, supérieur aux langues naturelles (i.e. ancienne langue; en novlangue écrite «ancilangue»), lesquelles sont, comme chacun le sait, trompeuses et susceptibles d'être utilisées sans contrôle par des individus eux-mêmes hors contrôle.

Il s'agit donc de l'impératif poussant à comprendre correctement la vertu du novlangue et comment celui-ci peut et doit, selon ses protagonistes, devenir la mesure de notre réalité et la forme d'expression pour notre soi-disant objectivité ou positivité.

Orwell nous l'indique d'ailleurs dans un passage clé de son livre où s'exprime Smyrne, un des agents du régime:

– «Ne voyez-vous pas que le véritable but de la novlangue est de restreindre les limites de la pensée. À la fin, nous rendrons littéralement impossible le crime par la pensée, car il n'y aura plus de mots pour l'exprimer. Tous les concepts nécessaires seront exprimés chacun exactement par un seul mot dont le sens sera rigoureusement délimité. Toutes les significations subsidiaires seront supprimées et oubliées. [...] Chaque année, de moins en moins de mots, et le champ de la conscience de plus en plus restreint. Il n'y aura plus, dès maintenant, c'est certain, d'excuse ou de raison de crime par la pensée. C'est simplement une question de discipline personnelle, de maîtrise de soi. Mais, même cette discipline sera inutile en fin de compte. La Révolution sera complète quand le langage sera parfait. [...] Ne vous est-il jamais arrivé de penser, Winston, qu'en l'année 2050, au plus tard, il n'y aura pas un seul être humain vivant capable de comprendre une conversation comme celle que nous tenons maintenant?

– Sauf..., commença Winston avec un accent dubitatif, mais il s'interrompit. [...]

– Les prolétaires ne sont pas des êtres humains, dit-il [i.e. Smyrne] négligemment. Vers 2050, plus tôt, probablement, toute connaissance de l'ancienne langue aura disparu. Toute la littérature du passé sera détruite. Chaucer, Shakespeare, Milton,

Byron n'existeront plus qu'en novlangue. [...] En fait, il n'y aura pas la pensée telle que nous la comprenons maintenant. Orthodoxie signifie non pensant, qui n'a pas besoin de pensée. L'orthodoxie c'est l'inconscience».

Soit! Et pourtant! Car si la description faite de notre réalité est ici juste, réaliste et claire (nonobstant bien sûr le fait qu'il existe encore des poches de résistance qui s'obstinent à fréquenter Chaucer, Shakespeare, Milton, Byron et d'autres livres non recommandables qui n'ont certainement pas été publiés pour instruire «comme il faut» et qu'il n'est guère d'intérêt d'énumérer! Cela pourrait trop aisément fait surgir de mauvaises idées!), soulignons aussitôt que le novlangue épouse, comme l'eau le lit de la rivière, les formes mêmes du pouvoir oligarque et dominant dans nos sociétés contemporaines.

Dans la postface de *1984*, Orwell nous expose plus exhaustivement quelques principes de la novlangue; là, il en énonce surtout deux qui auront une grande importance pour notre objectif.

D'abord, que: «Le vocabulaire de la novlangue était construit de telle sorte qu'il pouvait fournir une expression exacte, et souvent très nuancée, des idées qu'un membre du Parti pouvait, à juste titre, désirer communiquer. Mais, il excluait toutes les autres idées et même les possibilités d'y arriver par des méthodes indirectes. L'invention de mots nouveaux, l'élimination surtout des mots indésirables, la suppression, dans les mots restants, de toute signification secondaire quoi qu'elles fussent, contribuaient à ce résultat».

Ensuite, que: «En dehors du désir de supprimer les mots dont les sens n'était pas orthodoxe, l'appauvrissement du vocabulaire était considéré comme une fin en soi et ne laissait subsister aucun mot dont on ne pouvait se passer. La novlangue était destinée, non à étendre, mais à diminuer le domaine de la pensée, et la réduction au minimum du choix des mots aidait directement à atteindre ce but».

Retenons, en somme, que celui qui se rend maître de la langue, en l'occurrence de la novlangue, maîtrise le monde et la vie des autres. Personne ne peut le contester, protester ou encore – quel outrage impensable! – le critiquer. Comprenons bien que notre contemporanéité n'aura jamais d'ennemi plus féroce et impitoyable qu'elle-même.

Le «Novdroit» ou une langue à part entière

Qu'entendons-nous plus spécifiquement par le vocable «novdroit»? Répondons qu'il s'agit d'une véritable langue nouvelle – une novlangue –, un parler «novdroit». Ce n'est pas une anomalie linguistique ou une quelconque usurpation idéologique du mot «droit» (même si cela fait bien entendu légion), mais bien une langue qui, comme les autres, est supposée, hypothétiquement donc, s'ouvrir à un réservoir social de signifiants. Pourtant, c'est surtout une langue particulière qui supprime toute pensée saine concernant les questions de droit et qui, en même temps, prépare et installe la mort pure et simple de tout projet juridique valable.

Tel quel, il ne s'agit ni d'un discours concernant une situation juridique, ni d'une discussion quant au choix juridique, mais bien d'une langue qui prétend pouvoir s'extérioriser comme une langue à part, en prétendant parler «droit», c'est-à-dire «novdroit».

Pour donner corps à ces observations, à ces thèses, nous synthétiserons trois éléments clés du «novdroit».

Soulignons, primo, qu'il faut, dans une perspective de «novdroit», structurer le parler «droit» sur l'axe soit de l'être, soit de l'avoir. Ce qui signifie qu'il faut structurer le discours «novdroit» comme si le droit existait déjà, au-dehors, dans la «réalité», dans la «société», dans la «matérialité», dans les «faits» et ainsi de suite.

Il faut simplement que le «droit» (ou ce qui, ici, le remplace) existe, d'une façon ou d'une autre, comme «positivité» ou encore par une présence «physique». En clair, que l'on puisse affirmer du dit «droit» qu'il existe, d'une façon identifiable, grâce au discours du «novdroit»; ce qui laisse, bien entendu, beaucoup de latitude à ses partisans et bien sûr beaucoup d'espace à l'imagination. Pour affirmer l'existence déjà réalisée du droit, il n'existe donc que les axes mentionnés de l'être et de l'avoir, ainsi que les différents courants du «novdroit», luttant joyeusement entre eux pour déterminer quel choix retenir. Cela leur permet de faire croire qu'ils sont en désaccord et qu'il est impossible de penser le droit en dehors du «novdroit». D'ailleurs, l'ouvrage *«1984»* narre la même chose, en ce que l'idéologie du Parti met aussi en scène son opposition et ceci comme une perversion (et donc une affirmation) de son propre monde idéologique.

Notons, secundo, toujours dans la perspective du «novdroit», qu'il faut introduire l'image que le «droit» relève d'un Savoir, d'une Connaissance ou encore d'une Science. Il s'agit de construire consciencieusement l'image du «droit» comme quelque chose qui se «découvre», qui se «sait», qui se «connaît» ou qui s'«expérimente scientifiquement». Que le «droit» (ou ce qui le remplace ici) relève d'une positivité (de l'être ou de l'avoir, selon le choix) et qu'il faut que celui qui «sait», parle en son nom.

Ainsi, s'agit-il de faire croire ou, plus simplement, de faire accepter que le domaine du droit soit un domaine d'exception auquel, concrètement, l'homme et la femme ne doivent pas toucher et à propos duquel ils doivent, encore moins, oser prendre la parole.

S'agit-il d'un domaine, comme l'affirment les partisans du «novdroit», où il faut être sérieux et laisser parler les gens qui savent, qui connaissent et qui font la «science»?

À nous de rappeler que, chez Orwell, les «prolétaires» (i.e. les hommes et les femmes ordinaires) étaient, par principe, exclus en tant qu'individus de la novlangue pour que ce dernier puisse englober, avec plus d'efficacité, l'univers où ils vivaient comme des «objets».

Tertio, il convient désormais de souligner qu'il faut, suivant l'enseignement du «novdroit», toujours faire alliance avec un Pouvoir organisé ou institutionnalisé ou plus exactement, avec un des centres du Pouvoir qui gravitent autour du «droit». Il s'agit, pour les partisans du «novdroit», d'une nécessité qui vient du choix idéologique ayant trait à «l'être ou l'avoir». Plus précisément encore, il faut de l'efficacité, un moment de matérialisation.

Celui qui, par exemple, a choisi l'axe de «l'être» se devra de le concrétiser sur le plan des Juges ou encore de la Législature, car cela lui permettra d'affirmer, preuve à l'appui, qu'il a «raison» et que l'effectivité de ces institutions confirme sa conception du droit (ou simplement de l'«Idéodroit» mobilisé pour l'occasion). Mais celui qui a, de son côté, choisi l'axe de l'avoir sera incliné à situer l'efficacité du «novdroit» sur le plan du sociologisme, du «pluralisme» et autres constructions idéologiques semblables. Auxquels s'ajoute, bien entendu, la possibilité de combiner, sur le plan de «novdroit», la nécessité de l'efficacité, pour puiser tant dans l'avoir que dans l'être.

Quant à Orwell, rappelons que la novlangue était, avant tout, un virus qui attaquait la mémoire, le jugement et surtout, le rôle du sens commun.

Il va sans dire qu'un élément s'imbrique ici l'un dans l'autre et qu'en fin de compte, c'est le mouvement du «novdroit» qui se met en selle. Il s'agit donc du «novdroit», même si cette langue permet des variations et des âpres luttes de clans.

Une fois cette idéologie intériorisée, s'ajoute la licence enivrante qui bouillonne et qui se réjouit de stigmatiser ceux qui n'aiment pas le «novdroit», comme n'étant que des arrière-gardes sinon des ennemis sournois n'attaquant rien de moins que la «réalité positive», si ce n'est comme étant quelque chose de plus effrayant encore. À quoi s'ajoute, d'ailleurs, la lèpre de notre temps, à savoir les mouvements de rectitude politique, de morale et d'éthique, qui raffolent de l'idée d'abuser encore davantage de ce «novdroit» ou de s'agripper avec avidité au Pouvoir, pour écraser ceux qui lèvent, même timidement, la tête pour penser ou pour marcher debout.

Ce qu'il faut retenir, c'est que la langue est le Pouvoir! Celui qui peut posséder le mot «Droit» – en dehors du procès judiciaire devant un tiers invité, à savoir devant un juge étatique ou non étatique – en tant qu'élément idéologique et comme arme de dissuasion ou d'intimidation, possède ainsi un glaive symbolique puissant et, littéralement, imbattable pour éliminer tout adversaire. Si le mot «Droit» peut, en principe, être utilisé par tous, par le puissant comme par le pauvre, sa place dans le système très inégalitaire du symbolique favorise et accentue simplement toujours le Pouvoir déjà constitué et organisé comme tel. Celui qui parle au nom du «Droit», qui utilise ce mot comme une arme contre les autres a, répétons-le, pris position à l'intérieur du parler «novdroit» qui efface la possibilité d'opposition, de critique ou de réflexion. Le conseil à donner à tout honnête homme (et toute honnête femme) confronté au «novdroit» peut-il être autre que: «Fuyez! Sauve qui peut! Aux abris!»

Le «Novdroit» comme dogmatique juridique

Examinons maintenant plus en détail le phénomène du parler «novdroit», dans le domaine de la dogmatique (ou doctrine) juridique.

Il s'agit, concédons-le, d'un domaine charnière pour la pratique du droit, parce qu'il s'agit du lieu, littéralement parlant, où s'effectuent la socialisation et la professionnalisation des personnes voulant exercer les emplois nécessaires au dénouement des questions de droit.

L'importance de la doctrine juridique ne doit surtout pas être sous-estimée puisque c'est là que s'effectue le processus de formatage de l'esprit et de la pensée indispensable pour leur permettre de fonctionner dans les rôles associés au domaine juridique. D'où l'importance que lui reconnaissent les partisans du «novdroit», soucieux qu'ils soient de le conquérir en vue de l'imprégner de leur conception du «novdroit» et d'assurer par là leur domination.

Mais comment y parviennent-ils? Insistons d'abord sur la destruction!

Nous l'avons vu, selon Orwell, pour que le «novdroit» règne seul en maître absolu, il lui faut détruire l'ancienne langue juridique (i.e. l'ancilangue). En effet, sans une volonté ferme et soutenue de déformer, de dessécher et de ridiculiser la langue utilisée par les juristes, le «novdroit» n'aurait guère de chance. D'où l'importance, l'urgence même, pour les partisans du «novdroit» de modifier et d'effacer le langage naturel utilisé par les juristes et d'imposer, en échange, une idéologie pouvant détourner les mots anciens de leurs sens d'origine. D'où, pour eux, l'importance aussi de forger un vocabulaire «novdroit» apte à rendre impossible tout autre mode de pensée» et à fournir un mode d'expression aux idées générales et aux habitudes mentales des dévots du «novdroit».

La problématique autour de l'expression «source du droit» peut nous servir d'exemple. Retenons que dans l'ancienne langue juridique, on utilisait cette expression pour se rappeler des vecteurs externes qu'il fallait conditionnellement respecter, analyser et utiliser dans la pratique du droit. Si notre description de la novlangue est correcte, ne fut-ce que partiellement, un tel langage juridique ancien frise le blasphème aux yeux des thuriféraires du «novdroit», car elle suggère que les sources du droit doivent toujours être trouvées, comme «textes», en dehors du domaine juridique; bref que les juristes considèrent et respectent avec intelligence les «sources du droit» en pratique.

Pourquoi? Simplement parce qu'ils sont décidés par les acteurs sociaux, politiques et judiciaires compétents et reconnus comme légaux et légitimes par des processus adéquats susceptibles de transcender la factualité de l'Autorité et du Pouvoir (donc, spécifiquement, l'importance des processus démocratiques pour une société s'investissant dans la modernité juridique), en vue de stabiliser publiquement toute question de droit.

Or, comme nous venons de l'affirmer, cela tourne à l'affront, au sacrilège, pour tout adepte du «novdroit» qui y décèle, non sans raison d'ailleurs, le risque d'effacer les éléments constitutifs de ses croyances. De même, cela confirme, comme outrage au «novdroit», la question du droit comme étant autonome, pratique et toujours située au niveau des acteurs concrets, là où il faut – «Le Novdroit l'exige!» – justement le contraire.

On peut alors aisément concevoir le fait qu'il se révèle, ici, une situation insupportable et scandaleuse pour l'adulateur du «novdroit».

Pour détruire l'expression «source du droit», les partisans du «novdroit» n'ont d'ailleurs qu'à refuser que les «sources» en question soient «en dehors» du droit. Ils peuvent prétendre qu'il n'y a pas de «dehors» au droit, car tout est déjà soumis à l'identité d'être là, dans une «positivité» toujours là, comme égale à elle-même. Il s'ensuit, et c'est l'objectif recherché, que le droit doive être compris ou supposé comme étant identique à ses sources. Si certains acceptent une telle proposition, le partisan du «novdroit» peut maintenant opérationnaliser avec un schème de pensée qui allègue que:

La législation est égale/identique avec le droit;
La jurisprudence est égale/identique avec le droit;

Les coutumes sont égales/identiques avec le droit;

La doctrine juridique est égale/identique avec le droit.

Toutes les interrogations problématiques dites juridiques sont, par le fait même, annihilées. Le droit est, grâce au «novdroit», toujours identique à lui-même, où, comme le disait Orwell dans *1984*, «2 + 2 = 5» ou encore «la guerre c'est la paix».

Pourquoi? Parce que, dans le premier cas, c'est le «novdroit» et dans le deuxième cas, c'est le «novlangue». Et qui peut se lever pour protester ou dire que cela n'a aucun sens? Pour dire qu'on fait fausse route? Personne; cela le condamnerait, dès la première syllabe prononcée en non-novlangue ou en non-«novdroit», à n'être qu'un délinquant, un criminel de la pensée et, de toute façon, un non fréquentable.

Comprenons-le bien! La thèse d'identité entre loi/droit/jurisprudence/doctrine (et ainsi de suite) est en soi une mine d'or pour le «novdroit». Il s'agit d'une caverne d'Ali Baba qui autorise toute personne parlant «novdroit» à prétendre que les Cours Suprêmes ne font pas de la jurisprudence, mais du droit et, peut-être aussi, de la législation.

En fait, que font les adeptes fidèles du «novdroit» et les écrivains de doctrine/dogmatique juridique?

Si vous ne le savez pas déjà, eux aussi font du «droit»! Lorsqu'ils écrivent de la dogmatique juridique, c'est inéluctablement le «droit» qui se fait. Pour faire scientifique ils ajoutent, certes, quelques néologismes de surcroît, style «droit en vigueur» ou «droit valide», mais dans la logique à l'identique mise en selle, c'est toujours, supposément, le «droit» qui s'écrit.

Ce qui montre d'ailleurs que M. Jourdain, comme l'avait immortalisé Molière, avait raison: La prose se fait souvent sans le savoir et quand tu le sais, tu n'as guère d'autres choix que de continuer de le faire (et cela tous les jours). Ce que d'ailleurs ne démentiront jamais les partisans du «novdroit».

Spécifions davantage nos propos ayant trait à la restructuration de la dogmatique juridique en insistant désormais sur un autre thème, à savoir le «novdroit» en tant que «novation» langagière. Il s'agit de faire croire que le concept des notions, des termes privilégiés (donc réécrits) ou forgés par le «novdroit» sont, par l'essence ou la substance, forme ou contenu du «droit». Rappelons toujours Orwell, il s'agit de faire adhérer et admirer le «novdroit» pour la mainmise et la maîtrise qu'elles sont supposées fournir à la «réalité du droit» (telle que constituée par le «novdroit»).

Trois rectifications du «novdroit» peuvent être signalées à cet égard:

1. Suivant l'enseignement du «novdroit», il faut faire croire qu'il existe un concept juridique. Si donc l'ancilangue, la langue des juristes, refusait toute existence «juridique» aux concepts, dans la novlangue, il faut faire le contraire. En effet, il faut équiper le concept avec une existence juridique sur l'axe de l'être ou de l'avoir, selon la sensibilité de chaque partisan. Dès ce résultat obtenu, vous pouvez faire croire avoir trouvé le droit, là où vous avez semé le concept. Si vous voulez, vous pouvez prétendre, grâce au «novdroit», que des mots comme «propriété», «contrat», etc., sont déjà du droit.

2. Vous pouvez également, toujours en «novdroit», faire croire que certains mots, concepts, notions, etc., n'ont pas été correctement compris comme étant déjà du «droit». Grâce au «novdroit», un tel mépris peut facilement être corrigé et réécrit. Un adepte du «novdroit» peut rebaptiser des mots comme «souveraineté», «peuple», «nation» et ainsi de suite, comme étant du droit – et ceci avec élégance et conviction. Il peut ainsi chercher dans d'autres disciplines universitaires pour voir s'il y a des concepts qu'il peut renommer et rénover comme étant du droit.

Cela a déjà été fait à maintes reprises donc, pourquoi arrêter?

3. Le «novdroit» peut aussi servir à faire croire que d'autres mots, concepts, notions, etc., recèlent une composante dite, opportunément, du «droit». Ainsi, pourquoi ne pas faire croire que «le développement durable», «le commerce équitable», «l'aide au développement», «l'équité halieutique» et ainsi de suite sont déjà, par magie, du «novdroit», du droit? Si tous ces concepts récoltent aujourd'hui beaucoup de sympathie dans un monde déboussolé, pourquoi ne pas faire le coup du siècle? Pourquoi ne pas déclarer, avec l'appui du «novdroit», que tout cela est déjà le «droit»? Que les concepts sympathiques rejoignent, par la force des choses, le «novdroit», comme l'expression de son progressisme et de son ouverture au monde? Pourquoi pas, si cela est payant? Cela donne tellement de pouvoir!

En fin de compte, c'est effectivement le langage comme «pouvoir» qui s'atteste, car une fois que la doctrine/dogmatique (toujours opportunément caractérisée comme droit) a été mise en selle comme maître des mots, tout dépend précisément du concept retenu! Celui qui a été attentif au développement de la théorie, quant à l'écriture de la dogmatique juridique, ne peut ici que devenir un peu dubitatif. Car, en se rappelant la fameuse école de «Begriffenjurisprudenz», i.e. l'école des concepts, tout se retrouve au point de départ: dans une idéalisation des concepts qui évacue, proprement dite, toute question de droit. Et si l'école de «Begriffenjurisprudenz» a effectivement été vue comme le sommet de la théorie du droit au XIXe siècle, n'est-il pas curieux d'observer qu'elle revient, comme une onde de choc, au XXIe siècle? Certes, une fois comme comédie, comme aurait pu l'écrire Marx, et la deuxième fois, aujourd'hui, comme tragédie et «novdroit»!

Le «Novdroit» comme philosophie du droit

Il faut maintenant interroger la philosophie du droit face à l'assaut du «novdroit». La philosophie du droit a-t-elle pu se défendre avec honneur ou bien a-t-elle, par couardise, rendu les armes avant même d'engager la bataille? A-t-elle su se défendre et surtout défendre un domaine charnière, nous le pensons comme tel, pour le développement, le déploiement et la santé intellectuelle en droit?

Puisque c'est le dernier aspect qui est le plus férocement attaqué par les partisans du «novdroit», nous déploierons, en connaissance de cause, notre analyse à ce niveau.

Le «novdroit», qui nous domine aujourd'hui, peut certainement être caractérisé comme une nouvelle langue dont les racines s'enfoncent profondément et se perdent dans l'histoire des idées (ou des philosophies) s'intéressant au droit. Pour comprendre l'aspect psychologique, ou mieux psychologiste, qui anime aujourd'hui le «novdroit» et qui menace si directement la santé intellectuelle du droit, mieux vaut aller vers un des instigateurs historiques des dégâts.

Adressons-nous donc à Thomas Hobbes (1588-1679).

Le livre de Thomas Hobbes, le *Léviathan* de 1651, est un livre saisissant. Ce n'est nullement un ouvrage sur le droit, comme son titre le laisse entendre «*Traité de la matière, de la forme et du pouvoir de la république ecclésiastique et civile*». Il s'agit d'un livre sur le Pouvoir, traitant surtout de la manière d'obtenir sécurité et tranquillité en tant que citoyen. La question du droit n'arrive, en fin de compte, que comme un auxiliaire, comme une annexe philosophique au déploiement et à l'établissement de l'État, du Pouvoir unique, que symbolise le Léviathan.

S'agissant du domaine psychologique, il suffit de se focaliser sur une des affirmations clés de Hobbes pour l'apercevoir:

«Et parce que l'état de l'homme [...] est un état de guerre de chacun contre chacun situation où chacun est gouverné par sa propre raison, et qu'il n'existe rien, dans ce dont on a le pouvoir d'user, qui ne puisse éventuellement vous aider à défendre votre vie contre vos ennemis: il s'ensuit que dans cet état, tous les hommes ont un droit sur toutes choses, et même, les uns sur le corps des autres».

Ce qui frappe l'esprit, c'est que l'affirmation nous semble si connue et si familière, que nous sommes enclins à lui accorder notre assentiment. Mais voilà le problème: notre psychologie moderne nous incite à accepter ce que nous devrions rationnellement refuser avec véhémence et fermeté! Que se passe-t-il? Rien d'autre que le fait que nous n'ayons pas, faute de vigilance, ressenti le piège intellectuel qui se refermait sur nous et nous engloutissait, corps et âme, au profit des leurres du «novdroit».

Car, ce qu'affirme Hobbes, improprement, c'est que nous pouvons utiliser le mot «droit» pour caractériser la relation entre un individu et une chose. Bref, qu'il existe un «droit» sur les choses.

Si dans l'ancilangue juridique, la relation entre, par exemple, un individu et une pomme relève de la psychologie (sinon d'une peccadille sans importance pour un juriste sérieux), avec Hobbes, cela relève subitement du droit. Plus encore, cela devient même une caractéristique du droit, sinon le modèle même pour penser et connaître le droit. Comprendra qui pourra! Mais en mettant sur pied une telle construction psychologique du «droit» (ou simplement de l'«Idéodroit»), Hobbes nous projette dans une imagerie inconnue du droit où ce qui compte, c'est désormais uniquement une relation psychologique qui ne peut se concrétiser, à l'égard d'autrui, que par le «novdroit» mis en selle. Ou simplement par la litanie sans fin, où chacun exprime sa relation avec les choses de ce monde par le truchement de la novlangue, du «novdroit».

Le modèle que Hobbes nous donne est tout à fait irrésistible. Il explique tout! Il nous conforte sur le plan psychologique et il nous rassure sur les plans sociologiques et politiques puisque tout cela, supposément, est du «droit» et chaque individu peut ainsi s'endormir sur ses deux oreilles avec tranquillité, ou s'éveiller avec curiosité et contempler les clameurs de ce monde.

Mais le modèle psychologique du droit en œuvre ici est surtout opérationnel parce qu'il suppose que le «droit» (i.e. l'«Idéodroit» psychologique) peut être observé. Que nous pouvons l'observer en tant que «droit», aussi bien sur la scène qu'à partir du balcon. Que nous pouvons, par les forces de notre psychologie, comprendre l'extériorisation de celle-ci comme étant «droit» et ce, à un point tel que si la psychologie en question peut s'identifier à nos actes – ce qui est bien possible dans un système métaphysique –, il s'ensuit que nous faisons toujours le droit tout seul même si d'autres personnes sont là.

De ce point de vue, Robinson Crusoé, seul sur son île, doit être considéré comme le juriste par excellence. Tout cela peut, bien évidemment, être confirmé à partir du «balcon», avec une vue sur les autres où, avec nos compétences psychologiques, nous pouvons les applaudir ou les conspuer. Si nous nous installons côté «scène», notre vue ayant changée, la relation entre l'individu et la chose devra être corrigée, puisqu'observée sous un autre angle.

Comprenons-le bien: quand nous affirmons que le modèle est irrésistible, que tout le monde a envie de parler ce langage-là, le «novdroit», c'est parce qu'un piège psychologique s'est déjà refermé sur nos esprits. C'est de la consommation instantanée qui nous confirme dans le rôle de consommateur de «droit», dans lequel on enfile le costume du roi, goûtant à tout ce qui lui plaît.

Celui qui parle «novdroit» s'assure, à l'avance, de la victoire et de l'audience attentive, car qui peut protester contre les goûts, contre une image réconfortante et sûre? Personne! Cela condamne simplement l'adversaire du «novdroit» au rôle impropre de trouble-fête.

Abordons, maintenant, un autre aspect du psychologisme et de l'assaut psychologiste contre la philosophie du droit. Comme nous l'avons vu, les partisans du «novdroit» aiment les concepts.

Ils aiment faire croire que les concepts sont, par la magie de la chose, déjà «juridiques» ou encore «de droit». Puisque cela facilite la vie, pourquoi ne pas le croire?

Ce qu'il convient pourtant de noter, c'est qu'il s'agit d'un paradigme qui peut être exploité par le «novdroit», sous la marque de la philosophie du droit.

Pourquoi ne pas prendre les concepts, supposément «de droit», comme point de départ et construire une «weltanschauung» (i.e. une idéologie du monde) pour les juristes, comme Kant le fait d'ailleurs à sa façon dans *Métaphysique des mœurs*?

La doctrine du droit de Kant, comme philosophie des concepts, reprend simplement le bagage doctrinal de son temps, pour que chaque étape philosophique atteste de sa nature juridique.
Que cela donne précisément un catalogue de concepts – tous présupposément juridiques – toujours là pour recevoir une bénédiction métaphysique (et philosophique) par Kant, est une chose, qu'il puisse être jugé comme donnant une lecture ennuyeuse, en est une autre.

Mais là n'est pas le problème, car tous les concepts sont désormais du «droit», par la force métaphysique d'en parler.

Le sens de la stratégie métaphysique se sent, surtout là où Kant ne se satisfait guère de récupérer des concepts de la doctrine, mais s'astreint plutôt à forger de nouveaux concepts, des concepts qu'il peut justifier et intégrer dans sa philosophie.

Comme il le consigne, le droit cosmopolitique «est un principe juridique». Mais comment cela est-il possible? Quelle force métaphysique agit dans le monde des hommes pour ainsi transformer un «mot» en «droit»? Comment se fait-il que ce concept soit devenu «juridique»? La réponse est tellement simple que cela saute aux yeux: parce que cela correspond à la philosophie du concept de Kant.

Précisons que Kant demeure, hélas, toujours prisonnier d'une philosophie de la conscience, d'un monologisme, là où il faut plutôt l'universalité du jugement dans un dialogue communicationnel de réciprocité qui n'exclut, ni en pratique ni en droit, personne, non plus qu'aucune proposition langagière.

Autant nous admirons la contribution kantienne à la philosophie, autant il nous semble qu'il ne faut pas l'adopter telle quelle dans le domaine juridique, parce qu'il manque un élément pour assurer sa pertinence; il manque le dialogue avec l'autre et le jugement commun.

Quel enseignement tirer de ce que nous venons d'affirmer? Simplement que la philosophie du droit a pour rôle de vérifier la bonne santé intellectuelle du droit là où il y a un problème. L'ennemi de cette santé intellectuelle, le «novdroit», ne vit pas au-dehors de la philosophie du droit, mais en elle. Tel un ver, il y creuse des galeries, qui rendent le travail du philosophe du droit encore plus ardu.

Le «Novdroit comme multiculturalisme

Inutile de se faire trop d'illusions et de croire, contre raison, que le parler «novdroit» est, d'une façon ou d'une autre, réservé aux juristes. Ce n'est, hélas, pas le cas!

Le parler «novdroit» englobe, qu'on le veuille ou non, toute la population, sans exception. L'image qu'il existe un répondant «droit» à tout ce qui se produit dans la société est une idée tellement séduisante que tout le monde y croit et s'y accroche.

C'est ici que nous arrivons au concept de multiculturalisme en tant que tel et comme élément du «novdroit» et, à ce titre, comme une perversion de tout horizon juridique.

Pourquoi? Parce qu'il s'en prend à l'exigence d'universalité en semant la confusion et l'obscurité autour de l'idée de «particularisme» (ou d'enracinement culturel particulier) avec pour effet – qui aurait fait ricaner Orwell – d'écrire un

«Idéodroit» de circonstance se mouvant au-dessus de toute raison et travaillant à la destruction de tout sens juridique.

Avant de poursuivre, il convient de clairement exposer les enjeux. Soulignons donc que l'ancilangue, c'est-à-dire l'ancienne langue des juristes, ne prétend guère disposer d'une quelconque «universalité». C'est simplement impossible!

Plus modestement, il s'agit, pour la pensée juridique, de situer la question de droit sur l'horizon de l'universalité. Pourquoi? Simplement pour s'assurer que le jugement, pouvant à la fin avoir valeur de droit évite, autant que faire se peut, de tomber au bas de l'échelle.

Il s'agissait, ainsi, d'évaluer la qualité d'un jugement, d'une question de droit, ou encore de la culture juridique, quant au danger du «deux poids, deux mesures» ou, en clair, quant aux périls que représentent la discrimination, le favoritisme, l'ethnocentrisme, le népotisme, la ségrégation et ainsi de suite.

Le critère de «l'universalité» était là, en quelque sorte, pour améliorer et pour anoblir le droit, dans un processus qui s'auto-instruisait par ses fautes pour ne plus les refaire. Quand on nous affirmait que l'ancilangue juridique ne disposait pas de «l'universalité», c'était, précisons-le, parce que ce processus d'évaluation est toujours en marche; chaque individu avait à répondre de ses actes et de ses jugements et finalement, c'était toujours à l'espace public de retravailler intellectuellement le sens que nous attribuions, tous ensemble, sans privilège, à la notion de l'universalité.

Or, il n'y a rien ici pour le «novdroit» (et la novlangue); rien non plus qui se conjugue sur l'axe de l'avoir et de l'être (si indispensable pour opérationnaliser le «novdroit»); rien pour faire le bal des concepts ou encore leur métaphysique ou l'analyse de leur «réalité» (ce que «l'universalité» ne possédera jamais); rien non plus pour alimenter le psychologisme (si cher aux fidèles du «novdroit»).

Que faire? Comment attaquer? Comment pervertir?

En fait, cela peut passer par quelque chose qui est sympathique et généreux, à savoir par la «fraternité entre les peuples».

Bref, il faut prétendre que toute interrogation concernant l'«universalité» est culturelle et, par ce biais, retrouver le «droit» (ou l'«Idéodroit» de circonstance) comme une factualité, comme une coutume, comme une culture.

Si cela se fait sous le drapeau du «multiculturalisme», personne ne proteste, personne ne prend la parole et le «novdroit» pénètre pour pervertir tout et tout le monde.

Ce que nous venons d'affirmer peut être davantage approfondi chez Raimundo Panikkar et son célèbre article «La notion des droits de l'homme est-elle un concept occidental?». Panikkar nous révèle, en rapport avec «novdroit», pourquoi, selon lui, le paradigme de «droits de l'homme» devrait être considéré exclusivement comme «occidental» et pourquoi l'universalité n'existe pas.

En fait, Panikkar développe sa critique des droits de l'homme, au nom de la pluralité des cultures humaines et en faveur, supposément, de la défense de cette pluralité contre le rouleau compresseur que représente, selon lui, la notion universelle des droits de l'homme et la modernité juridique qui pourra, conditionnellement, les réaliser en pratique.

Il s'agit d'une critique de la notion des droits de l'homme assez paradoxale, car tout en constatant que le système moderne des droits de l'homme protège la pluralité culturelle, elle retournera sournoisement ce constat contre l'universalité qui anime ladite notion. Pourquoi? Parce que Panikkar conçoit la notion de droits de l'homme comme un véritable cheval de Troie au service de la culture occidentale. Il y décèle de la rationalité abstraite, de l'anthropocentrisme, de l'individualisme et de l'atomisme et croit commodément que les droits de l'homme inculquent tout cela dans des cultures possédant d'autres valeurs, d'autres coutumes et d'autres repères éthiques.

Panikkar prétend, avec vigueur, qu'il n'est pas pour autant insensible à la valeur d'une soi-disant signification universelle de la notion de droits de l'homme. Mais c'est aussi pour se démasquer en tant que partisan de «novdroit» et prétendre que, comme il n'y a pas de «substance», cela ne relève que d'une stratégie.

À lui de rétorquer, avec malice: comment pouvons-nous connaître l'«universalité»? Comment savoir, rationnellement, si l'«universalité» ne peut être aucunement objet de connaissance, sauf dans un délire de «novdroit»?

En réalité, cela autorise improprement Panikkar à se demander s'il existe également une nature humaine universelle et si oui, par quelle voie la connaître, puisqu'elle ne nous est pas explicitement donnée.

Finalement, pourquoi se poser de telles questions, sachant qu'il n'existe aucune possibilité rationnelle de répondre? De plus, ces questions sont, par nature, de l'ordre de la métaphysique.

En fait, ce qui est en jeu ici n'est pas une quelconque réponse toujours fausse. Il s'agit plutôt d'une réelle intention de la part de Panikkar, de mettre en doute le fait que la notion des droits de l'homme puisse être opérationnalisée dans un débat démocratique ou encore dans la modernité juridique.

Abordons, maintenant, une deuxième problématique «multiculturaliste», qui se rattache intimement à ce que nous venons d'affirmer. Il convient de comprendre que l'attaque des partisans du «novdroit» contre toute évaluation de l'universalité du «droit» va loin. Elle concerne toujours, en fin de compte, notre situation quotidienne et notre existence située hic et nunc et qui se rapporte à la pratique du droit.

Ici, comme nous l'avons dit, la «vaporisation» (comme l'aurait écrit Orwell) de l'universalité ne cache que l'obscurantisme prôné par le «novdroit», en ce qui concerne la valeur à attribuer à l'enracinement culturel des individus.

Pour être bref, si nous suivons l'enseignement de Panikkar, ou encore du «novdroit» (ce que nous ne devons jamais faire!), le «droit» (i.e. l'«Idéodroit») est toujours «culturel». Il peut, toujours improprement, prétendre que la factualité, la positivité, la culture, etc., donnent du «droit». Cela produit alors des définitions du «novdroit» clamant que les coutumes, les valeurs culturelles des us (et des abus), les pratiques, les opinions concernant la «justice» et ainsi de suite, doivent être comprises comme étant du «droit». Que l'on ait affaire à un galimatias ne doit pas nous décourager, car il s'agit de faire comprendre que cela ne nous mène nulle part, sinon à baisser les bras et à évacuer toute pensée critique devenue superflue dans l'univers du parler «novdroit». Ce qu'il faut faire, selon les disciples du «novdroit», c'est de réinvestir les forêts!

Pourquoi? Parce que le «droit» doit être là! Qu'il s'agisse de la Forêt noire où le nationalisme culturel allemand a retrouvé le vrai (rien de moins!) droit allemand, aux forêts québécoises où se trouvent aujourd'hui le vrai «droit» des autochtones, c'est l'image lénifiante et sympathique d'un «droit» (i.e. «Idéodroit») toujours déjà-là qui est présenté. Si ce n'est pas les forêts, c'est dans les dunes de sables, les plaines, les savanes, ou encore les cités contemporaines, qui sont supposées donner le même résultat quant à un «droit» toujours-là.

Comprenez le bien: dans le déjà-là culturel, nous trouvons, comme dans les auberges espagnoles, ce que nous apportons avec nous!

Le résultat, pourtant, c'est que l'enracinement culturel de l'individu, au lieu de représenter quelque chose de positif pour tous, a été hypostasié, par le «novdroit», à une surenchère idéologique manipulable à souhait. Bref, la question du droit ne relève plus que d'un «novdroit» culturel et dès que vous connaissez ce «novdroit» culturel, vous connaissez aussi, supposément, le «Droit». Ou encore, avec d'autres mots: il n'existe pas de «connaissance» du tout ici, mais une construction idéologique de circonstances qui ne relève que d'un parler «novdroit», qui ne vaut rien.

Soulignons, en somme, que pour celui qui refuse de se laisser séduire par le parler «novdroit», il demeure que ces constructions idéologiques révèlent clairement l'existence d'un malaise dans la pensée juridique. Peut-être que c'est la poltronnerie des modernistes en droit qui, ayant largement délaissé la problématique de l'universalité et de la particularité, est finalement à blâmer? Peut-être que c'est notre manque de vigilance et d'audace qui, hélas, a permis au parler «novdroit» de s'installer et de pervertir, et que finalement, il faut reprendre de fond en comble l'analyse de l'universalité et de la particularité pour réfléchir aux rapports que ces deux exigences entretiennent aujourd'hui avec la question d'un droit moderne?

Du «Novdroit» aux recommandations

Nous pourrions recommander de ne plus jamais utiliser le vocable «droit» et de nous mordre la langue lorsque les mauvaises habitudes referont surface, mais, surtout, de faire amende honorable et de communiquer avec nos pairs ainsi que «le reste du monde», avec des idées et des vocables clairs et honnêtes.

Wesley N. Hohfeld le recommandait, il y a déjà longtemps, dans les articles pamphlétaires qu'il a publiés dans *le Yale Law*

Journal, en 1913 («Some Fundamental Legal Conceptions as Applied in Judicial Reasoning», Yale Law Journal, 23, 1913, p. 16-59) et en 1917 («Fundamental Legal Conceptions as Applied in Judicial Reasoning», ibid., 26, 1917, p. 710-770), où il proposait de remplacer le mot «droit» par des mots adéquats, limpides et compréhensibles comme «pouvoir», «incapacité», «responsabilité» et «immunité». Mots auxquels il faudrait certainement ajouter, aujourd'hui, tous les autres mots qui sont supposés se cacher également (et métaphysiquement!) derrière ce vocable comme «liberté», «privilège», «compétence» et ainsi de suite.

Cela nous permettrait de parler plus clairement et d'élever les débats au niveau du concret, ce que le mot «droit», en général, ne parvient jamais à faire (donc aussi, nous l'avons vu, le mot «droit» comme le «bordel» de tous les plaisirs où se crée le «novdroit»).

Il faut pourtant être réaliste! Admettons que cette substitution aurait pour effet certain de clarifier les débats, car lorsque quelqu'un, au lieu d'abuser du mot «droit», parle de ses privilèges, de ses libertés, de ses compétences ou encore de ses immunités, les autres interlocuteurs comprennent à la fois mieux ce qui est en jeu et surtout osent l'interroger quant au sens de tout cela. Mais admettons, aussi, que personne n'accepte volontiers de se dérober devant les autres, de leur donner l'atout de clarté et de simplicité.

Parler au nom du «droit» possède, pour l'homme et la femme aujourd'hui, un sens quasi religieux auquel ils se raccrochent comme des naufragés à une épave. C'est d'ailleurs ce que les partisans du «novdroit» ont si bien compris et qu'ils utilisent comme tremplin idéologique pour s'imposer, pour manipuler, pour abuser, ou pour affirmer une conception de l'«Idéodroit» qui rime si adroitement avec le Pouvoir.

Pourtant, cela ne séduit guère. Dans la fermeture de l'esprit critique que manifestent les partisans, si nombreux et si puissants, du «novdroit» jusque dans le domaine juridique, nous décelons un nouvel obscurantisme ne menant nulle part. Existe-t-il un remède? Pas vraiment!

Les partisans du «novdroit» ne sont pas devant les portes de la citadelle, mais déjà dans nos esprits. Dans nos esprits, ils savent se faire aimer en flattant nos désirs (même s'il sied à l'individu d'être plus qu'un consommateur impuissant), ils imposent leurs conceptions de l'«Idéodroit» (même si notre raison nous dit que c'est du toc), ils chantent la rengaine de «Droit, Vérité, Amour, Développement durable» (même si la mélodie sonne étrangement comme «soumission et manipulation»), ils répètent qu'ils veulent notre bien (même si dans leur «novdroit» c'est l'horizon du droit qui s'obscurcit et s'envole).

Que faire? Rien d'autre que réinvestir ce qu'ils abhorrent! La Pensée! La Réflexion! La Critique! La Communication! Bref, le Travail de l'esprit...

LIVRES DE BJARNE MELKEVIK

Бьярн Мелкевик [i.e. Bjarne Melkevik] *«Практические вопросы права в зеркале философии права» [Practical Problems of Law in the Mirror of Legal Philosophy / Les questions pratiques de droit dans le miroir de la philosophie du droit]* (traductions de Assia Ostroukh, Vassily A. Tokarev, Elena Uvarova et al.), sous la direction de Mikhaïl Antonov, Saint-Pétersbourg (Russie), Publishing House «Alef - Press», 2015.

«Philosophie du droit. Volume 2», Québec - Sainte-Foy, Les Presses de l'Université Laval, collection Diké, 2014.

«Épistémologie juridique et déjà-droit», Paris, Buenos Books International, 2014. (Aussi disponible en langue russe 2017: *ЮРИДИЧЕСКАЯ ЭПИСТЕМОЛОГИЯ И ´УЖЕ-ПРАВО*).

«Habermas, Légalité et Légitimité», Québec/Sainte Foy, Les Presses de l'Université Laval, collection DIKÉ, 2012.

«Droit et agir communicationnel: Penser avec Habermas», Paris, Buenos Books International, 2012.

«*Percorsi di Filosofia del diritto*» (traduction de Silvia Visciano; sous la direction de Maria Novella Campagnoli et Simone Gallo), Roma, Aracne Editrice, coll. Teorie del Dirrito et dello Stato. Revista Europea di Cultura e Scienza Giuridica, Quaderni 3, 2011.

المنطق القضائي: دراسة نظرية تطبيقية في ضوء القانون وأحكام المحاكم المصرية «*Elmantek Elkadaey Derasa Nazaria wa Tatbikia Fe Dooa Alkanon Wa Ahkam Elmahakem Elmasria!*» / «*La logique judiciaire. Étude théorique et pratique à la lumière du droit et de la jurisprudence en Égypte*»], Caire (Égypte), Dar Elnahda Elarabia, 2011. (Avec Fehr Abd Elazim).

«*Philosophie du jugement juridique*», Québec, Les Presses de l'Université Laval, coll. Diké, 2010.

«*Habermas, droit et la démocratie délibérative*», Québec, Les Presses de l'Université Laval, coll. Diké, 2010.

«*Transformarea dreptului*», Editura Sfera juridica, Cluj-Napoca (Roumanie), 2010

«*Philosophie du droit. Volume 1*», Québec, Les Presses de l'Université Laval, coll. Diké, 2010.

«*Marxisme et philosophie du droit: le cas Pasukanis*», Paris, Buenos Books International, coll. Politique et philosophie du droit, 2010. (Aussi disponible en langue russe (2016) : МАРКСИЗМ И ФИЛОСОФИЯ ПРАВА: СЛУЧАЙ ПАШУКАНИСА)

«*Droit, mémoire et littérature*», Québec, Les Presses de l'Université Laval, coll. Diké, 2010.

«"أضواء على فلسفة القانون: إسهام في بناء مشروع قانوني"حديث» [*Ada ala falsafat alqanoun: Isham fi binaa machrou qanouni hadith /Lumière sur la philosophie du droit: contribution à la construction d'un projet juridique moderne*], Éditions Al-Najoie et l'Association libanaise de philosophie du droit, Beyrouth (Liban), Traduction par Georges Saad et al, 2007.

«*Tolérance et modernité juridique*», Québec, Les Presses de l'Université Laval, coll. Diké, 2006.

- " القانونية والحداثة التسامح " (Tolérance et modernité juridique), traduction par Nasser Fetouaki, Edition Dar Alnahda Alarabia, Caire (Égypte), 2016.
  - (Traduction en langue espagnole, «*Tolerancia y modernidad juridica*», traduction par Claudia Cáceres Cáceres, Bogotá, Colombie, en préparation pour 2017 / 2018.)

«نصوص في فلسفة القانون» [*Nusûs fî falsafat al-qânûn/Textes de philosophie de droit*], Beyrouth, Édition Al Najoie et l'Association libanaise de philosophie du droit. Traduction par Georges Saad et al, 2005

«*Considérations juridico-philosophiques*», Québec, Les Presses de l'Université Laval, coll. Diké, 2005.

«*Rawls ou Habermas: une question de philosophie du droit*», Québec, Les Presses de l'Université Laval & Bruxelles, Bruylant.

- Traduction en langue roumaine, «*Rawls si Habermas. O problemà de filozofie a dreptului*», Iasi (Roumanie), Editura Cugetarea, 2003. Traduction par Cătălin Drăcşineanu.
- Traduction en langue espagnole, «*Rawls y Habermas. Un debate de filosofia del derecho*», Bogota (Colombie), Universidad Externado de Colombia, coll. Serie de Teoría Jurídica y Filosofía del Derecho no 42, 2006. Traduction par Claudia Cáceres Cáceres.

«*Réflexions sur la philosophie du droit*», Paris, L'Harmattan, & Ste Foy, Les Presses de l'Université Laval, 2000.

- Traduction en langue roumaine, «*Reflectii asupra filozofiei dreptului*», Iasi, Editura Cugetarea, 2003. Traduction par Cătălin Drăcşineanu.

«Horizons de la philosophie du droit», Paris, L'Harmattan & Ste Foy, Les Presses de l'Université Laval, 1998; 2ème édition dans la collection Diké, Les Presses de l'Université Laval en 2004.

- Traduction en langue roumaine: *«Orizonturi ale filozofiei dreptului»*, Iasi, Editura Panfilius, 2002. Traduction par Cătălin Drăcşineanu.

«Peuples autochtones et normes internationales. Analyse et textes relatifs au régime de protection identitaire des peuples autochtones», Cowansville, Yvon Blais, 1996. (En collaboration avec Ghislain Otis).

«Pasukanis et la théorie marxiste du droit», Lille, l'Atelier National de reproduction des thèses, Université de Lille III, 1988. (Reproduction comme livre en deux tomes de la thèse de 1987).

TABLE DES MATIÈRES

OUVRAGES DU MÊME AUTEUR PARUS AUX ÉDITIONS BUENOS BOOKS INTERNATIONAL

www.buenosbooks.fr

Marxisme et philosophie du droit. Le cas Pasukanis
Bjarne Melkevik, ISBN 978-2-915495-67-6
(Disponible aussi en russe)

Droit et agir communicationnel : penser avec Habermas
Bjarne Melkevik, ISBN 978-2-915495-92-8

Epistémologie juridique et déjà-droit,
Bjarne Melkevik, ISBN 978-2-366700-48-0
(Disponible aussi en russe)